Jésus est
à tout le monde

ISBN 978-2-903400194

Gérard Bessière

Jésus est à tout le monde

Les Amis de Crespiat
La grave - 46140 Luzech
Tél. 05 65 20 10 57
Fax 05 65 30 70 52

Pourquoi ce livre ?

Pour dire – crier ! – que « Jésus est à tout le monde ». Il n'est pas enfermé dans les Eglises, leurs dogmes et leurs croyances, leurs rites et leurs pratiques. A tous il murmure une belle nouvelle.

Cette nouvelle est intime pour chacun. Elle est aussi pour les groupes, pour les peuples, pour toute la terre. Elle est permanente, à accueillir, intacte, chaque matin. Elle est tellement neuve !

Pourquoi l'a-t-on présentée avec une gravité sévère, alors qu'elle est si souvent fleurie d'humour ? C'est une annonce immense, radieuse, joyeuse. Elle fermente dans toutes les consciences, elle nous hèle sans cesse vers l'avenir.

Ce livre voudrait écouter chanter la source, écarter les broussailles, apercevoir le filet d'eau et en goûter la fraîcheur première. Tentative audacieuse, critiquable, provisoire ? Bien sûr ! Et son auteur lui-même en sourit. Qu'en sera-t-il des lecteurs ?

Elle a six ans. Ses parents ont déménagé pour aller vivre à Lyon. La petite est depuis quelques jours dans une école catholique. Quand sa grand-mère lui a demandé si elle était contente dans sa nouvelle école, la petite est restée silencieuse, puis elle a murmuré lentement, à voix basse : « Ils ont mis Jésus sur une croix ! »

Elle ne l'avait dit à personne. Chaque jour, dans les classes, elle voyait des crucifix et elle pensait au petit Jésus de la crèche, qui l'attendrissait chaque Noël. Alors elle détournait les yeux et elle revenait vers son Jésus intérieur, le compagnon secret de son enfance heureuse.

Je voudrais faire comme elle et fréquenter un Jésus vivant, celui dont on aperçoit la silhouette entraînante dans les évangiles.

Sa mort horrible a tellement fasciné qu'on a presque oublié sa démarche vive, son humour et son ironie, ce monde de bonheur auquel il invitait. La foi en sa résurrection a fait regarder vers le ciel alors que son passage sur la terre demeure lumière pour inventer l'avenir.

Les Eglises au cours des siècles l'ont habillé de dévotion, de rites, de doctrines. Les pouvoirs, religieux et profanes, l'ont parfois mis à leur service. On l'a utilisé pour faire peur, pour imposer la soumission et la résignation.

Aujourd'hui encore, les Eglises se présentent comme ses porte-parole et ses interprètes exclusifs : elles se réclament de lui pour dire ce qui est permis et ce qui est défendu, jusqu'en des domaines dont il n'a jamais parlé. Et elles oublient que lui éveillait les consciences au plus profond, bien au-delà des rigidités légales et des conformismes sociaux.

Elles ont aussi suscité des saints, ceux auxquels on a dressé des statues et ceux, innombrables et inconnus, qui ont dévoué leurs vies dans le sillage de Jésus. Grâce à ces êtres de lumière, d'hier et d'aujourd'hui, Jésus stimule toujours la marche en avant. Ambiguïté des Eglises : elles offrent les quatre petits livres des évangiles et elles accompagnent la générosité inventive de tant de femmes et d'hommes. Mais elles furent, elles sont, aussi, un écran entre beaucoup d'hommes et Jésus.

Comme la petite fille que le crucifix rebute, de nombreuses personnes ont pris leur distance par rapport à l'édifice intellectuel, institutionnel, rituel des Eglises dont l'influence sociale et culturelle s'anémie. Une inquiétude envahit des esprits : avec le déclin des Eglises dans nos pays, la figure de Jésus ne va-t-elle pas s'estomper et disparaître à l'horizon ?

C'est « leur » Jésus que l'on ne regarde plus, celui dont elles prétendaient être les fondés de pouvoir. En même temps, on rencontre Jésus au théâtre, au cinéma, dans la littérature : il est dans le domaine public. Puisse cette présence conduire à le chercher, à revenir vers la source, avec l'aide des historiens et des spécialistes des textes dont les travaux commencent à être connus.

A cette heure de crise, il est urgent de dire à très haute voix : Jésus est à tout le monde. Comme au temps où n'importe qui l'abordait dans les rues des villages de Palestine. On le rencontrait souvent souriant, espiègle parfois. C'est lui que la petite fille de Lyon, que la jeune humanité de notre siècle, a besoin de voir venir vers elle. Peut-être murmurera-t-elle un jour, comme le philosophe Bergson qui n'était pas baptisé : « L'Evangile est ma vraie patrie ».

Guide du randonneur

Sur les routes, il fait bon s'arrêter à des « points de vue » : on respire, on contemple, on s'attarde devant une table d'orientation.

Il en sera de même au long de ce livre. Le lecteur rencontrera de temps en temps des pages en caractères *italiques*. Ce sont des pauses pour réfléchir et regarder au loin.

Libre à chacune, à chacun de ne pas s'y arrêter et de les sauter. Ou d'en lire l'une ou l'autre, en picorant.

A tous, bonne randonnée !

Le ruisseau devient un fleuve à la saison des pluies. Le Jourdain – le mot signifie « qui dévale » – descend des hauteurs de l'Hermon et va se perdre dans les eaux de la Mer Morte, au fond de la faille brûlante.

La colère des Juifs a grossi comme le ruisseau. On n'en peut plus de payer des impôts aux occupants et de voir passer leurs cohortes insolentes. On ne supporte plus ce haut clergé de Jérusalem qui pactise avec les Romains, se pavane dans la Ville Sainte et égorge des bêtes dans le Temple, comme si l'odeur de la graisse fumante pouvait chatouiller les narines de Dieu !

Alors des foules descendent au désert dans la chaleur suffocante. Là-bas on voit surgir des roseaux un homme hirsute, habillé d'une peau de chameau serrée à sa taille par une lanière de cuir. C'est Jean. Il aurait pu, il aurait dû, être prêtre à Jérusalem car son père, un nommé Zacharie, l'était et, à l'époque, on était prêtre de père en fils. Mais il avait des yeux de feu : les sacrifices lui répugnaient et les discours des prêtres étaient pour lui des paroles creuses. Un matin, à la fraîche, il est parti, sans rien. Depuis, il entretient sa maigreur en croquant des sauterelles et en léchant du miel dans les fentes des arbrisseaux.

Dans les ruelles de la Ville Sainte, la rumeur a couru sur les pas de porte ; « Le fils de Zacharie, oui, celui qui devait être prêtre, il est parti... » Et quand on a su qu'il était là-bas, beaucoup ont commencé à aller vers lui, comme en pèlerinage. Même des gens très sérieux et très pieux, parmi les élites de la moralité et du gratin politique. Mais l'accueil n'est pas tendre. Il les toise et leur lance : « Vipères ! » Il leur annonce que la colère d'en haut va leur tomber dessus s'ils ne changent pas de vie de fond en comble. Le grand soir est imminent : « La hache est prête à abattre les arbres qui ne portent pas de bons fruits, on en fera un grand feu ». Inutile d'aller marmonner des prières, il faut faire peau neuve jusqu'au fond du cœur. Mourir ? Oui ! Mourir à toute la vieillerie !

Celles et ceux qui sont décidés s'avancent, et Jean les plonge dans le Jourdain, comme s'il les noyait : plouf ! Puis il les fait sortir de l'eau, ruisselants, au grand soleil, comme s'ils venaient de naître à une nouvelle vie. Bientôt ce sont des groupes, de véritables foules, un peuple qui meurt ainsi au passé gangrené pour naître à un avenir de lumière. Ce n'est pas la pêche à la ligne de quelques individus submergés de bondieuseries, mais la levée en masse d'un peuple neuf, prêt à bâtir un monde humain, celui pour lequel Dieu est en train de se retrousser les manches. Urgence ! Il est sur le point d'envoyer un personnage qui va moissonner les populations, battre au fléau le blé humain, le vanner et brûler la bale.

La lumière tremble sur le désert, les esprits flambent. Quand ? Comment ? Avec qui ? Contre qui ? L'attente était ardente.

Il est arrivé avec beaucoup d'autres de sa Galilée natale. Comme eux il a entendu parler de l'homme du Jourdain. On lui a répété certaines de ses paroles brûlantes. Il est venu voir. Est-ce déjà un départ pour toujours ? Pas sûr. Il a rangé l'atelier. Tout reste en bonne place. Jésus le charpentier pressent-il qu'il part vers d'autres constructions ? On ne sait.

Jean le plonge dans l'eau de la mort et de la vie. Mais, si l'on en croit des récits écrits beaucoup plus tard par certains disciples, il a fallu que Jésus insiste car le Baptiseur se serait écrié : « C'est moi qui aurais besoin d'être baptisé par toi ». Les mêmes racontent que les cieux se seraient ouverts et que l'Esprit, tel une colombe, serait venu voleter sur lui, comme lors de la création du monde selon la Bible. Autant de manières subtiles et savantes de faire comprendre que, ce jour-là, à travers un événement menu, un prodigieux commencement était en train d'éclore discrètement.

Les foules attendaient le Jour, le Grand Jour, où Dieu prendrait les affaires en main. Après tant de règnes décevants ou tragiques des rois, après la domination des étrangers, ce serait enfin le « Règne de Dieu ». On disait aussi le « Royaume des cieux ». C'est ce lendemain tant espéré que Jean le Baptiseur montre de son doigt menaçant, en parlant de hache, de moisson, de brasier.... La formule quotidiennement répétée bouillonne dans les esprits : « Le Règne de Dieu approche ! »

Jésus écoute. Lui aussi souffre de voir régner la force brutale, l'injustice, la médiocrité, tout ce qui dégrade les hommes et l'humanité. Lui aussi a envie d'appeler à changer, à refaire le monde. Mais les annonces tragiques de Jean le laissent pensif. Peut-être sourit-il parfois en entendant ces évocations menaçantes. Au fond de lui-même, il est à distance.

Un jour, il prend le large. On ne sait ni quand ni pourquoi. Quelques autres pèlerins le suivent. Ils lui demandent où il habite. Il leur dit : « Venez et vous verrez ! » Ils comprendront plus tard qu'il les a mis en route à tout jamais.

Jésus a commencé à élever la voix devant les visages, dévorés d'impatience, de ceux qui attendaient le feu du ciel, l'arrivée fracassante de Dieu ou de son envoyé. Mais il surprend par son sourire et ses paroles. Alors qu'on rêve d'une moisson vengeresse, lui prononce avec humour : « Le semeur est sorti pour semer ». La moisson n'est donc pas pour demain ! Il ajoute même : « Le Royaume de Dieu est comme un grain de moutarde ». C'est la plus petite des graines connues en ce temps-là ! Et une graine de « moutarde » : de qui se moque-t-il ?

On est loin des envolées incendiaires de Jean. On a l'impression que le jeune charpentier pense à son bout de jardin, près de la maison de Nazareth. Mais quel bouleversement de perspectives. Lui aussi dit : « Le Règne de Dieu est là », mais il faut le cultiver avec une patience obstinée et, comme les plantes du potager, il grandira même pendant que les jardiniers dorment. Jésus annonce un Dieu jardinier !

Un galop au loin ! Le cheval débouche soudain sur la place du village. Le cavalier se dresse sur les étriers et crie aux gens qui s'approchent : « Victoire ! nos soldats sont vainqueurs ! » On sort sur le pas des portes, on s'attroupe devant le cheval et l'homme en sueur crie encore : « Hier soir, on a gagné. Les ennemis sont morts ou en fuite. C'est la paix, on va vivre en paix ! »

Le messager vient d'annoncer la nouvelle : toutes les poitrines se gonflent de joie. En grec, « bonne nouvelle » se dit : euaggelion, qui est devenu en français : « évangile ».

Ce n'est pas toujours une victoire militaire. Quelquefois, c'est la naissance d'un fils, au palais royal, que le messager annonce à la foule. Les visages s'illuminent. Un petit prince, l'avenir de la cité. La vie semble prendre plus de couleur. C'est aussi un « évangile ».

Le premier mot de chacun des petits livres qui parlent de Jésus, c'est « évangile », une nouvelle qui claque comme un coup de trompette et qui change tout. On repart à neuf. L'air est léger. On va inventer la vie, changer le monde.

Quelle journée pour la belle-mère de Simon ! Son gendre était un homme impétueux mais il gagnait bien la vie de la famille avec sa petite entreprise de pêche sur le lac de Tibériade. Il était vaillant, son équipe lui obéissait, le poisson se vendait bien. Il avait des moments d'exaltation religieuse.

Quelques mois auparavant, il avait suivi des amis qui allaient voir Jean le Baptiseur, là-bas, au bord du Jourdain. Les barques, amarrées dans le port, semblaient attendre en se balançant au clapotis des vaguelettes. Au bout d'une semaine, il est revenu, la pêche avait repris, mais il n'était plus le même. On le voyait parfois regarder vers le ciel, comme s'il attendait. C'est à peine s'il prêtait attention à sa jeune épousée. La belle-mère ne disait rien mais elle était inquiète. Surtout lorsqu'il revenait de la pêche avec un misérable fond de panier de poissons.

Et puis, il y avait ce charpentier de Nazareth, qui traînait souvent sur le port et qui fascinait Simon et ses compagnons. Ils l'avaient rencontré quand ils avaient fait le pèlerinage chez l'homme du Jourdain. Simon avait tout le temps à la bouche le nom de ce Jésus. Il répétait ses paroles. A la maison, on n'entendait plus parler que du Royaume de Dieu. La belle-mère marmonnait et comptait les poissons.

Il y eut ce sabbat, le jour férié consacré à Dieu, où tous les hommes se retrouvaient à la synagogue, la maison de la prière et de l'étude. On vit entrer Jésus avec son air d'arriver d'ailleurs. Il s'avança jusqu'aux premiers rangs et leva la main pour prendre la parole. Dans l'assistance un homme se dressa : c'était le fou du village, on disait qu'il était possédé du démon. Il se mit à vociférer contre Jésus.

Jésus lui fit face et articula fortement des mots brefs : « Tais-toi, sors de cet homme ! » L'homme s'effondra. Toute l'assemblée fut commotionnée. La salle se vida. Sur la place, et bientôt dans toute la bourgade, les gens disaient de Jésus : « Il commande aux démons, il est plus fort qu'eux ».

La belle-mère de Simon n'avait pas vu le gendre depuis le matin. Elle avait appris par une voisine l'incident de la synagogue. Qu'allait-il se passer maintenant ? Elle était à la fenêtre quand elle aperçut, au bout de la rue, Simon et les autres qui semblaient escorter Jésus et venir vers la maison. C'était trop. Elle sentit le sang lui monter au visage et son cœur battre en sa poitrine. Elle se retourna vers sa fille : « Je ne me sens pas bien, je vais au lit ! » Un coup de fièvre, un coup de déprime, l'angoisse. Elle ferma la porte de sa chambre. Surtout ne pas voir ce Jésus qui déboussolait le gendre. Au diable leur Royaume de Dieu !

La femme de Simon sort devant la porte et lui dit : « Maman ne va pas, elle a de la fièvre, elle est dans son lit ». Mais Simon l'écarte : « Entrez, les gars, la belle-mère n'est pas bien mais Jésus va nous la guérir ! » Murmures d'approbation de la petite troupe qui s'installe dans la salle. Simon demande à Jésus : « Tu feras bien quelque chose pour elle ? » Tous tournaient vers lui des regards joyeux.

Jésus entra doucement dans la chambre. La belle-mère avait tiré le drap jusqu'au dessus de sa tête. Elle le retira d'un coup et regarda Jésus. Elle ne l'avait jamais vu de près. Quel visage de paix profonde ! Jamais elle n'avait senti une présence aussi forte. Le silence l'enveloppait soudain d'une sorte de tendresse. Il lui toucha la main. Elle s'entendit lui dire : « Ca va mieux, merci, je vais me lever. »

Elle se leva. Ils étaient déjà attablés. Dans le coin cuisine, elle mit le tablier, cassa des œufs et prépara l'omelette. On raconta dans le voisinage que Jésus avait fait un ou plutôt deux miracles : la belle-mère n'avait plus de fièvre, et elle n'était plus en colère contre le charpentier aux longs cheveux.

Au coucher du soleil, à la fraîche, ce fut la cohue devant la maison. Les gens amenaient leurs malades. Jésus posait les mains sur eux. Il semait la guérison à la volée, du bout des doigts.

Où passa-t-il la nuit ? Peut-être à la belle étoile. Simon et les pêcheurs, au petit matin, étaient partis à la pêche. Quand ils accostèrent, la foule était déjà là, oppressante, autour de Jésus. Lui demanda à Simon de monter dans sa barque et de s'écarter du rivage : il parlait aux gens, à belle voix, du bout de la barque. Puis il dit à Simon : « Va vers le large et jette les filets ! » Simon répondit : « On a passé la nuit sans rien prendre, mais puisque tu le dis ! » Et voilà que les filets craquaient, pleins de gros poissons. On cria aux camarades d'une autre barque de venir vite ; ils arrivèrent à grands coups de rames, les deux barques furent remplies de poissons, à raz bord, au risque de sombrer. Tous regardaient Jésus avec effroi. C'est ce matin-là qu'il leur a dit après un long face à face silencieux : « Venez avec moi, vous serez des pêcheurs d'hommes ».

Ils descendirent des barques. Ils laissèrent tout. Ils partirent. On n'a rien su de la belle-mère.

Qui aurait pu penser qu'il allait semer le désordre et qu'on allait même se disputer en pleine synagogue, un jour de sabbat ?

La veille déjà, comme chaque semaine, les femmes avaient préparé le repas du lendemain, et celui du soir, déjà, car le jour, chez les Juifs, commençait au coucher du soleil, et la fête débutait autour de la table familiale. Toute activité cessait jusqu'au lendemain au crépuscule : aucun travail, pas de commerce ni de déplacements importants. Ce jour était tout donné à Dieu : lui-même, selon les Saintes Ecritures, avait créé le monde en six jours et s'était reposé le septième jour. On se souvenait aussi de la nuit où il avait libéré les Hébreux esclaves en Egypte. Et du jour de lumière où il avait donné la Loi – des secrets de vie pour tout le peuple – à Moïse, sur le mont Sinaï.

A Jérusalem, il y avait de belles cérémonies au Temple. Ailleurs, on se rassemblait à la maison de prière et d'étude qu'on appelait la synagogue.

On traversait le sabbat dans une ambiance de paix, de repos, de conversation amicale, de recueillement joyeux. Au long des temps, on en était venu à détailler ce qui était permis ou interdit et ces prescriptions tatillonnes finissaient parfois par faire oublier l'essentiel : on discutait, on « pinaillait », sur ce qui était autorisé ou défendu, par exemple sur la longueur du chemin que l'on pouvait parcourir. On étouffait souvent dans ces précisions au lieu de respirer le grand air de Dieu. Quelques rabbins cependant le rappelaient : « Le sabbat vous a été donné, ce n'est pas vous qui avez été livrés au sabbat ».

Quand Jésus entra dans la synagogue, le silence se creusa. Tout le monde savait qu'il avait libéré d'un « esprit impur », à l'un des sabbats précédents, un « possédé » qui vociférait. Le petit peuple en parlait encore avec stupeur et admiration, mais les notables n'appréciaient pas. Ils épiaient l'étrange charpentier.

On aurait dit qu'il cherchait à faire des histoires. Il regardait comme s'il attendait quelqu'un. Il fixa soudain un homme qui portait en écharpe une main paralysée, recroquevillée. Pour certains rabbins, on ne devait se porter au secours d'un malade, durant le sabbat, que s'il était en danger de mort. Jésus allait-il tenter de guérir cet homme ? S'il le faisait, on pourrait lui reprocher de ne pas observer le sabbat.

La tension monte. La synagogue n'est déjà plus la maison de prière et d'étude : les visages se figent, les mains se crispent quand Jésus dit à l'homme : « Viens au milieu ! » Certains lui crient : « C'est permis de faire une guérison le jour du sabbat ? » La pagaille dans l'assemblée : on ne regarde plus vers la tribune, les gens se bousculent pour voir Jésus et le paralysé face à face. Que va-t-il faire ? Il fixe ceux qui le surveillent pour l'accuser. Il leur lance : « Qui, parmi vous, s'il n'a qu'une brebis et qu'elle tombe dans un trou, le jour du sabbat, n'ira pas la retirer ? Un homme, c'est quand même plus qu'une brebis ! Ce serait interdit de faire le bien parce que c'est le sabbat ? »

Ses adversaires se taisent et serrent les dents. Jésus promène sur eux un regard de colère – le silence immobile de l'assemblée est accablant – et, sans même faire une prière, il dit à l'homme : « Etends la main ! ». Il l'étend en la regardant : sa main est guérie. Un murmure court dans la foule. Les gens commençent à sortir. Un petit groupe se rassemble à quelque distance : les accusateurs, ceux pour qui les interdits, tels qu'ils les précisent, sont l'essentiel du sabbat.

Qui étaient ces hommes qui se parlaient à voix basse ? Les « Pharisiens » – le mot veut dire « séparés » – se distinguaient par leur rigueur morale, leur souci d'actualiser l'enseignement des Ecritures, leur croyance en la résurrection des morts. Certains, pas tous, drapés dans leur bonne conscience, étaient comme enfermés en eux-mêmes. Les « Hérodiens » étaient les supporters du roi Hérode, celui qui avait fait jeter en prison Jean le Baptiseur. Les uns et les autres allaient s'unir contre Jésus : ils allaient dénoncer sa liberté par rapport au sabbat.

Mais pourquoi avoir mis le désordre dans la maison de prière ? Pourquoi avoir guéri l'homme à la main paralysée au milieu de l'assemblée ? Il aurait pu l'emmener dehors ; il aurait pu, surtout, attendre le coup de trompette, à la nuit tombante, qui annonçait la fin du Jour saint.

On aurait dit qu'il aimait provoquer.

Décidément les synagogues ne lui réussissent pas. Et il s'obstine à les fréquenter. Un jour, il revient dans celle de son enfance, à Nazareth. Il se lève pour faire une lecture tirée des Ecritures Saintes, comme tout juif pouvait le faire. A l'époque, les livres étaient des rouleaux. Il cherche le recueil des poèmes du prophète Isaïe. Il déroule le rouleau de droite vers celui de gauche. A savoir quel passage il va choisir ? Enfin il s'arrête. Il lit : « L'esprit du Seigneur est sur moi. Il m'envoie annoncer une fameuse nouvelle aux pauvres, la libération aux prisonniers, la lumière aux aveugles, l'Année du Seigneur ».

On célébrait cette « Année » tous les cinquante ans. On devait laisser reposer les sols, restituer les terres qui avaient été louées, accaparées ou données en gage, rendre leur liberté aux esclaves. C'était une loi de justice pour mieux répartir la richesse, pour faire respecter la dignité de chaque personne. Elle rappelait vigoureusement que la terre est à Dieu et qu'il l'a mise à la disposition de tous.

Cette remise à plat, tous les cinquante ans, était-elle observée ? Dans quelle mesure ? Jésus va-t-il mettre en route ce chamboulement ? Tout de suite ?

Tous dans la synagogue ont les yeux fixés sur lui. Silence lourd, compact. Il insiste : « C'est aujourd'hui que cette parole s'accomplit ».

On commence à murmurer dans les rangs : « C'est bien le charpentier, le fils de Joseph et de Marie, le frère de Jacques, de Joset, de Jude, de Simon, on connaît bien aussi ses sœurs ? Pour qui se prend-il ? »

Jésus s'écrie : « C'est vrai : nul n'est prophète en son pays ! » Il se met à leur rappeler que, dans le lointain passé, des hommes de Dieu, méprisés dans leur pays, avaient fait des miracles pour des étrangers ! C'était trop. Les murmures deviennent des cris. Les gens se lèvent et se mettent à gesticuler : le brouhaha dans la maison de prière et d'étude...

Quelques hommes empoignent Jésus, il ne pèse pas lourd, et le poussent vers la porte. Tout le monde est agglutiné autour du groupe. On emmène Jésus vers une falaise abrupte, près du village. Va-t-on le précipiter dans le vide ? Il se dégage. On le laisse partir au milieu des moqueries et des sifflets.

Pas facile de changer le monde, mais tous ces discours n'étaient-ils pas le délire d'un inconscient, d'un fou, d'une espèce de clown ? Et il croyait que l'Esprit de Dieu était sur lui, qu'il était l'Envoyé de Dieu, lui, le charpentier !

Des amis consternés vinrent prévenir Marie et la famille. Le déshonneur, la honte allait rejaillir sur eux... Comment marier les filles si le frère avait perdu la tête ? La tare...

Que faire ? Il avait repris la route vers Capharnaüm avec la petite équipe des compagnons exaltés qui partaient « pêcher des hommes ». Ça avait commencé par la tempête...

La famille tient conseil. Tous disent : « Il a perdu la tête ». On ne peut pas le laisser continuer. Il faut faire quelque chose.

Il est revenu à Capharnaüm, avec son équipe. Devant la maison, toute une foule appelle, acclame. Ils n'ont même pas le temps de manger.

La parenté arrive : ils veulent s'emparer de lui.

Des scribes – des spécialistes de la Loi – sont là aussi. Ils sont venus de Jérusalem pour enquêter sur lui. Ils disent : « Il a le diable au corps, il est possédé. C'est le chef des démons qui l'aide à chasser les démons ». Jésus leur rétorque en riant : « Vous imaginez ce que deviendrait un royaume déchiré, tout cassé ? Il va s'effondrer. Ou bien une famille où c'est tout le temps la dispute ? Elle est perdue. Comment Satan pourrait-il être contre Satan ? » Finalement, devant leur mauvaise foi, il leur lance : « Péchés, jurons, tout ça sera pardonné, mais vous, vous péchez contre l'Esprit, vous ne serez jamais pardonnés ! ». Enorme ! Il ose accuser les délégués des autorités de Jérusalem, les spécialistes de la religion, d'être pour toujours impardonnables... Eux ne le lui pardonneront pas. Ils vont le poursuivre, le harceler, tout faire pour le démolir.

La mère et les frères sont dehors. Ils entendent les éclats de voix. Ils appellent ceux qui sont sur le seuil : « Dites-lui qu'on est là, la famille, qu'on veut le voir. » La demande est transmise : « Jésus, ta mère est là, dehors, avec tes frères, ils te cherchent ! » Et lui de répondre : « Ma mère, mes frères ? Qui sont ma mère et mes frères ? » Il se tait quelques instants, promène son regard sur ceux qui sont assis en cercle autour de lui. Puis il sourit et dit en tendant la main vers eux : « Voici ma mère et mes frères. Quiconque fait la volonté de Dieu, voilà mon frère, ma sœur, ma mère. »

Quelle audace en des temps où l'individu était étroitement lié à la famille ! Comment pouvait-il se donner une autre parenté, en oubliant sa mère, ses frères, ses sœurs ? Après deux millénaires, on est encore stupéfait, heurté au profond du cœur, par cet oubli méprisant de la famille. Y aurait-il des liens plus forts, une fraternité plus essentielle que ceux et celle de la chair ?

Il a pris une distance insultante par rapport aux envoyés de la Ville Sainte, il néglige ostensiblement les siens pour créer famille avec tous... Folie, prétentions ? Le charpentier est-il un démolisseur ? De quel avenir rêve-t-il ? Dans quelle solitude s'enfonçe-t-il ?

On va les répéter partout, ces formules-choc que Jésus vient de lancer : « Bienheureux les pauvres, les doux, ceux qui pleurent, les affamés... ». Est-ce le monde à l'envers ?

Beaucoup des auditeurs se souviennent des oracles d'Isaïe : le prophète annonçait qu'un jour Dieu lui-même viendrait conduire son peuple et que ce serait un fameux chamboulement ! Après le règne des rois, des puissants, des riches, des violents, des malins, Dieu allait prendre les affaires en main ! « Bienheureux, vous, les pauvres ! Le Royaume de Dieu – rien que ça ! – est à vous ! » Jésus annonce que les paroles du prophète sont en train de devenir réalité.

C'est une manière « codée », à partir des vieux oracles, de dire : « Attention ! Ca commence ! » C'est de la dynamite. Que va-t-il arriver ? Une explosion de société ?

Jésus ne lève pas le drapeau de la révolte. Il fuit les exaltés qui veulent le faire roi. Le Royaume de Dieu, il le voit comme le levain dans la pâte, le grain jeté en terre, le trésor enfoui, la perle unique... Il l'inaugure avec les malades, les éclopés, les exclus, les gens de piètre réputation. C'est le Royaume de la folle bonté du Père et de sa foi en toute personne. Pas question de gouvernement ni d'administration. C'est d'un autre ordre, au pays intérieur des hommes. Ces phrases-brulôts, qu'on appellera les « béatitudes », vont fermenter à jamais dans les consciences et provoquer sans cesse des inventions de vie.

Mais une surprise attend celle ou celui qui examine les textes : deux seulement des quatre évangélistes, Matthieu et Luc, présentent les béatitudes, et avec des différences. Chez Matthieu, il y en a neuf ; chez Luc, il y en a quatre, suivies de quatre malédictions. Alors, question : quelles paroles avait prononcé Jésus ? Difficile à préciser.

Comment expliquer ces différences ? Sans doute par la diversité des destinataires.

Luc écrit pour des villes grecques : les messagers de la Bonne Nouvelle y ont été bien accueillis par les couches pauvres de la population ; les riches, par contre, les ont persécutés. Il met sur les lèvres de Jésus, sur un ton très direct : « Bienheureux, vous, les pauvres... malheureux, vous, les riches ! »

Matthieu, lui, s'adresse à des populations pauvres de Juifs convertis à la « voie » de Jésus. Vont-ils penser que leur pauvreté matérielle en fait automatiquement des citoyens du Royaume de Dieu ? Matthieu puise au plus profond de l'appel de Jésus : « Bienheureux les pauvres *de cœur* ». Il faut être pauvre jusqu'au fond de son être.

On le voit : pour l'un comme pour l'autre, le message n'est pas figé. L'annonce est vivante. Elle rejoint les hommes, tels qu'ils sont, là où ils sont. Elle est créatrice.

Quels coups de scalpel dans les profondeurs humaines ! « Quiconque se met en colère contre son frère en répondra au tribunal », comme s'il avait commis un meurtre ! « Quiconque regarde une femme avec convoitise a déjà dans son cœur commis l'adultère avec elle »... « Si ton œil droit te fait pécher, arrache-le et jette-le loin de toi ». Pas de serment : il suffit de dire oui ou non.

Jésus exagère. Si les tribunaux se mettent à sanctionner les sentiments, les intentions et les regards plutôt que les actes, vers quelle inquisition va-t-on dériver ? Jésus aiguillonne. Il fouille jusqu'aux racines des conduites humaines. Bien sûr, il faut des règles objectives pour la bonne santé des sociétés. Mais l'homme est plus profond que ses apparences et son comportement. C'est dans l'obscurité de sa vie intime que tout prend naissance et se joue. Jésus pénètre dans le mystère de tout homme jusqu'en ce lieu où il reçoit et oriente son existence.

Que voulait ce Jésus si paradoxal, si subtil ? Que les hommes ne confondent pas avec Dieu leurs constructions morales et religieuses et qu'ils accueillent Celui qui surgit toujours au secret du cœur.

Cet appel à regarder vers la source bien en-deçà des comportements extérieurs, bien au-delà des codifications, a été souvent souligné. Mais en même temps, Jésus va beaucoup plus loin : il veut transformer les relations entre les êtres, faire naître un peuple neuf.

On va d'étonnement en étonnement : tendre l'autre joue après avoir été giflé sur la joue droite, donner son manteau à celui qui vient de voler la tunique, ne pas fuir l'emprunteur, et, plus stupéfiant encore : aimer les ennemis !

Y a-t-il eu jamais pareille ambition sur la vie des hommes ? D'où peut provenir une lumière si brûlante ? Dans le regard de Jésus ? La réponse est brève, vertigineuse : « Vous serez parfaits comme votre Père céleste est parfait ».

Ces invitations apparemment folles, impossibles, illuminent et éblouissent : elles viennent de Celui qui fait « lever son soleil sur les bons et sur les méchants ». Reste à accueillir ce soleil de Dieu et à en recevoir l'énergie qui veut transformer le monde.

Les rabbins en discutent. Pardonner ? Oui, il faut pardonner, mais si l'offense se répète, va-t-on pardonner encore ? Et si l'on subit à nouveau l'injustice, pardonnera-t-on à répétition ? Combien de fois ? Certains rabbins proposent de pardonner jusqu'à quatre fois.

Les débats se poursuivent dans les cercles des interprètes de la Loi. Que pense Jésus ? On va lui poser la question. Pierre se doute qu'il va donner une réponse exigeante et généreuse. Il interroge en voyant déjà très large : « Dois-je pardonner jusqu'à sept fois ? »

La répartie de Jésus volatilise la question : « Je ne te dis pas jusqu'à sept fois, mais jusqu'à soixante-dix fois sept fois. Sept était un chiffre de plénitude. Soixante-dix fois sept fois, c'est la plénitude multipliée par la plénitude. Autant dire qu'il faut toujours pardonner, qu'il n'y a plus à compter, qu'une nouveauté radicale surgit dans les rapports humains.

N'est-ce pas délirant ? Jésus est-il devenu fou ? Sans doute vit-il intérieurement dans ce Royaume de Dieu, attendu pour la fin des temps et mystérieusement actif déjà dans le présent. Les pratiques, les habitudes, les logiques humaines en sont bouleversées. Lui qui annonce que l'amour de Dieu libère sans mesure les hommes, il appelle les libérés à être libérateurs.

Mais on ne peut pas oublier les paroles très dures de Jésus contre certains Pharisiens. Il serait trop facile de les attribuer aux rédacteurs des évangiles en des périodes de vives tensions avec les Juifs, vers les années 75 ou 80, quand fut rédigé l'évangile de Matthieu. Même s'il est probable que ces invectives portent des échos de ces troubles, impossible d'en innocenter totalement Jésus. Il est plus honnête d'accepter cette incohérence apparente. L'appel demeure...

A l'heure du supplice, Jésus pardonnera à ses bourreaux. La contagion du pardon poursuivra sa course fragile au long de l'histoire.

Les commentateurs ont souvent opposé Jésus à la Loi juive. Il aurait substitué l'Amour à la Loi. Depuis quelques décennies, les exégètes et les historiens ont montré que cette manière de camper l'originalité de Jésus était simpliste et intenable.

Ils ont mis en lumière que Jésus était juif. Sa vie quotidienne, comme celle de tous ses compatriotes, était imprégnée par la Loi. Que désignait-on par la Loi ? Un ensemble d'enseignements transmis par Moïse de la part de Dieu, selon les traditions d'Israël. Plutôt qu'un code, c'est une histoire dans laquelle sont enchâssées des prescriptions morales, sociales, rituelles. Le mot hébreu « Torah » qui désigne ces textes signifie d'abord « enseignement » ; la traduction « Loi » en accentue trop l'aspect juridique.

Le Judaïsme – la vie et la religion juives – n'était pas monolithique. Il y avait des groupes et des tendances variées : les Sadducéens, les prêtres, les scribes, les Pharisiens, les Baptistes, les Esséniens, etc. Les uns et les autres interprétaient à leur manière les commandements et leurs applications pratiques. Les débats se poursuivaient indéfiniment, dans les cercles savants de Jérusalem et jusque dans les synagogues des villages. Ceux que l'on considérait comme des maîtres religieux étaient consultés et donnaient des avis.

C'est dans cette diversité que Jésus intervient en juif qui observe la Loi tout en l'interprétant.

Autre découverte des exégètes et des historiens : si l'on compare les passages des divers évangiles qui présentent les prises de position de Jésus par rapport à la Loi, on constate des différences. Jésus a-t-il varié ? Les évangélistes ont-ils fait des tris, des modifications, pour adapter le message à des convertis qui n'étaient pas du monde juif ? Les spécialistes poursuivent leurs recherches.

Certaines affirmations abruptes de Jésus – sur le divorce, sur les serments – paraissent aujourd'hui rebutantes, anachroniques. Sans doute faut-il tenir compte du fait que Jésus se présente comme le Prophète de la fin des temps et du monde à venir, en décalage immense par rapport aux nécessités du présent.

Parmi les maîtres religieux de son époque, il interprète la Loi avec une liberté neuve : « et moi, je vous dis... »... Il va dans les profondeurs obscures des consciences, en y projetant la lumière éblouissante des accomplissements ultimes.

Il aime parler en images. Il ne va plus dans les synagogues. On respire mieux en plein air. Ce jour-là, il est venu au bord de cette mer intérieure qu'on appelait mer de Galilée ou Lac de Tibériade. Il y a beaucoup de monde. Jésus, dans une barque, s'est assis sur le bord, face à la foule. Il leur dit : « Ecoutez ! Le semeur sort pour semer ! De bon matin... Vous le voyez qui plonge la main dans le sac et prend une poignée de grain ? » L'assemblée écoute attentivement. Où veut-il en venir ? Il continue : « Du grain est tombé à côté du chemin : ce sera pour les oiseaux. Il y en a qui est tombé dans la pierraille où il n'y a pas de terre : le soleil va tout sécher. Il en est tombé aussi dans les broussailles et les épines, bientôt étouffé. Mais des grains sont tombés dans la bonne terre : ils ont germé, de belles tiges sont poussé et la récolte a été magnifique : trente, soixante, cent pour un ! »

Etrange : un semeur qui jette le grain sur les bords d'un chemin ou dans les buissons !

Incroyable, un rendement à cent pour un ! De qui se moque-t-il ? Ces invraisemblances réveillent les auditeurs et les font réfléchir. C'est une caractéristique de ces petits récits très prisés à l'époque : ils sont truffés d'extravagances qui vont conduire bien loin les esprits. Pour le moment, Jésus laisse tomber quelques paroles énigmatiques : « Celui qui a des oreilles, qu'il entende ! »

Fait-il allusion à ses adversaires, Pharisiens, Hérodiens, qui ferment les oreilles à ses paroles ? Sans doute, et le semeur qui gaspille le grain, c'est lui. Mais il déborde d'espérance : trente, soixante, cent pour un, cette progression dit sa folle confiance. A côté des cœurs pierreux ou embroussaillés, la bonne terre est prodigieusement féconde.

Plus tard, quarante ou cinquante ans après la mort de Jésus, ceux qui mettent par écrit les souvenirs transmis veulent donner une explication et appliquer ces paroles à leurs lecteurs. Ils désignent des catégories de terrains en invitant chacun à reconnaître le sien : les endroits pierreux, ce sont les hommes qui reçoivent volontiers la parole mais qui abandonnent dès que survient la détresse ou la persécution ; les épines, ce sont ceux chez qui les soucis, l'appétit de l'argent, la convoitise, étouffent la parole. Et ainsi de suite...

Ces allusions, particulièrement celles qui concernent la persécution, montrent que les rédacteurs ont voulu actualiser la parole de Jésus : elles visent les dispositions intimes des disciples qui les entouraient.

Jésus, lui, regarde surtout la récolte prodigieuse !

Quelle déception !

On s'est rassemblé autour de Jésus. Lui est debout, sous le figuier. Il va certainement raconter un de ces petits récits qui piquent l'attention. Mais lorsqu'il commence à parler, on reconnaît tout de suite l'histoire – on la racontait partout – l'histoire du trésor caché. La Palestine, surtout la bande côtière, était lieu de passage pour les armées assyriennes et égyptiennes qui partaient en guerre les unes contre les autres : quand on annonçait leur approche, on enterrait le petit magot familial, les bijoux, les objets précieux. Ils étaient parfois oubliés. Les propriétaires étaient morts. Le trésor dormait dans le champ. Dans tous les pays d'Orient ouverts aux invasions, l'imagination des conteurs enchantait la population.

Ça commence toujours pareil : un homme trouve un trésor. Que va-t-il faire, que va-t-il en faire ? Une fois racontée la découverte, on attend : c'est là que l'on va rêver. On sait les suites possibles : l'homme qui a repéré le trésor se met à courtiser la fille du proprio pour l'épouser et épouser avec elle le champ. Puis, avec le trésor, il fait construire un palais, et on détaille les salles, le mobilier, les beautés de toutes sortes.

Jésus sourit. Il va les laisser pantois. Il raconte. Il s'agit toujours de ce fameux royaume des cieux, ou de Dieu – c'est pareil –, dont il parle tout le temps sans jamais dire clairement ce qu'il est. Il l'évoque en le comparant aux événements ordinaires de la vie. « Le Royaume des cieux, c'est comme un trésor caché dans un champ et qu'un homme a découvert »....

On pourrait s'étendre sur la découverte, car la phrase de Jésus est un résumé trop bref. Essayons : l'homme a été embauché pour labourer le champ. Il ouvre paisiblement les sillons en suivant la charrue que tire un petit âne appliqué. Soudain le manchon lui échappe des mains, la charrue a heurté quelque grosse pierre et s'est immobilisée, l'âne se cabre... L'homme regarde de plus près : le coin d'un petit coffre apparaît. Il creuse autour. Il déterre la caissette et l'ouvre, après avoir regardé si personne ne le voit. Des pièces d'or, d'argent, par poignées... Vite il referme, il enterre la boîte et piétine la terre au-dessus... « Dans sa joie, il va vendre tout ce qu'il a, et il achète le champ ».

C'est tout ? Mais qu'est-ce qu'il a vendu, comment s'est passé l'achat de la parcelle, et surtout qu'a-t-il fait du trésor ? Rien. Jésus déçoit. Le message est laconique : le Royaume des cieux, c'est un trésor. « Joie ». Ça vaut le coup de tout liquider pour acheter le champ du trésor. Et après ? On voudrait des précisions, la marche à suivre.

Jésus laisse chacun devant l'étrange trésor disponible, à portée de main. On commente parfois cette parabole en insistant sur le détachement : tout vendre. Erreur : celui qui vend un petit bien va acquérir le champ qui recèle le trésor. Il fait l'affaire de sa vie. « Dans sa joie »...

Jésus s'arrête de parler. Silence. Les gens attendent. « Encore ! », insiste une voix.

Jésus regarde le sol un instant, puis il relève la tête. Il a l'air joyeux : aurait-il trouvé le trésor ? Il se racle la gorge. Il va parler. Oui, ça repart : « Le Royaume des cieux, c'est comme un marchand qui cherchait des perles fines. Un jour, il en repère une comme il n'en a jamais vu. Une fascination ! Il s'en va, il vend son magasin et achète cette perle unique. Il n'a même plus de boutique, il a tout liquidé, il ne lui reste que la perle. Invendable... Va-t-il vivre en la contemplant ? La suite, s'il vous plaît ! On veut la suite...

Il n'y aura pas de suite. Ou plutôt c'est à chacun des auditeurs de l'inventer en sa propre vie.

Jésus, prodigieux éveilleur !... Il provoque, il invite, il met en route. Dans un respect total, brutal, de la liberté qu'il vient de révéler aux esprits embrumés. Il leur offre le trésor, la perle, dont ils n'imaginaient même pas l'existence, et il s'en va, léger...

Il y a, dans les évangiles, une quarantaine de ces petites histoires que Jésus aimait raconter pour évoquer le Royaume de Dieu, les comportements de ses contemporains, le complot qui se tramait contre lui.

Comme les rabbins de l'époque, Jésus utilisait ce procédé subtil. Pas de considérations abstraites, mais des récits : un semeur qui répand son grain, un blessé au bord d'un chemin, un roi qui invite à une noce. Il est attentif à la vie autour de lui : des faits, menus ou importants, les conduites des uns et des autres, lui offrent de quoi piquer l'attention des auditeurs et les conduire beaucoup plus loin.

On ne sait trop où il veut en venir : un marchand de perles, des vignerons, un fils qui réclame sa part d'héritage, où tout cela va-t-il nous conduire ? On écoute, un peu amusé, séduit par l'art du conteur, curieux de voir le dénouement.

Mais, et c'est le génie de la parabole, on est pris dans l'action, on s'identifie à tel personnage, on se met en mouvement intérieurement. Je suis le marchand de perles, je suis le vigneron, je suis l'invité qui ne va pas au festin, je suis le fils perdu... ou le frère aîné ! Quand Jésus va s'arrêter de parler et regarder en souriant, chacun aura pris parti pour ou contre la venue du Royaume, pour ou contre Jésus.

La parabole n'est pas une comparaison simpliste, elle est une communication discrète qui évite tout blocage car l'auditeur devient un acteur du récit et prend position sans s'en apercevoir. Quand Jésus raconte à Simon l'histoire des deux créanciers, son interlocuteur va donner la bonne réponse avant de constater que celui qui aime le moins, c'est lui !

Souvent, la parabole contient des invraisemblances. Faire une fête délirante pour le retour du prodigue, confier des sommes exorbitantes à des serviteurs, abandonner les 99 brebis : autant d'éléments « d'extravagance », comme l'a mis en lumière le philosophe Paul Ricœur. Mais cette extravagance révèle que nous ne sommes plus dans la routine humaine, que nous entrons au pays de Dieu, dans l'inouï de son règne.

Comme l'écrit un poète, « merveilleuses paraboles qui nous disent qu'ailleurs est ici » !

Comme Jésus aime raconter ! L'histoire se passe de nuit. Il est deux heures du matin. Un brave homme a fermé sa porte et ronflotte paisiblement. Un voleur fait un trou dans le mur en torchis et se glisse dans la maison pour chaparder. Jésus s'amuse de cette historiette pour inviter à vivre éveillés, vigilants, attentifs à la venue inattendue de Dieu. Il a le toupet de présenter Dieu comme un perce-muraille !

Autre épisode nocturne qui donne envie de rire : « Supposez que vous allez tambouriner à minuit à la porte d'un ami en lui demandant trois pains pour faire casser la croûte à un camarade qui vous arrive à l'improviste... » Jésus continue et la scène devient drôle : « L'ami, de l'intérieur, répond, sans sortir de son lit : laisse-moi tranquille, mes enfants et moi nous sommes couchés – était-il veuf ? –, je ne vais pas me lever pour te donner du pain ! » Et Jésus, soudain, renverse la situation avec une certaine solennité de ton : « Je vous le déclare, même s'il ne se lève pas pour rendre service à son ami, il va sortir de son lit et lui donner du pain, parce que l'autre continue à taper sur la porte ». En clair : persévérez dans la prière ! Comme si on allait faire sortir Dieu de son lit !

Autre parabole cocasse, de la même veine... Il y avait dans une ville un juge dont la justice était le dernier des soucis : « ni crainte de Dieu ni respect des hommes » chez ce personnage prétentieux. Une pauvre veuve venait souvent lui demander de ne pas laisser traîner son procès : « Rends-moi justice contre mon adversaire ». Le magistrat laissait courir. Jusqu'au jour où il se décide, excédé : « Cette femme m'ennuie, je vais lui rendre justice pour qu'elle ne vienne pas tout le temps me casser la tête » ! Pas d'autre motif que l'agacement devenu insupportable ! On voit la femme devant le juge excédé, on sourit quand cette pauvresse arrive à faire bouger ce personnage et on entend Jésus nous dire qu'il faut s'obstiner dans la prière. Dieu comparé à un juge injuste ? Casser la tête à Dieu jour et nuit ?

Attention à ne pas comprendre de travers ce petit récit dont la pointe est l'invitation à vivre en prière. A la dernière phrase, avec une agilité aérienne, Jésus nous conduit bien loin en jouant sur le mot « justice ». Dieu serait-il le juge indifférent qui fait attendre ceux qui le prient ? Non ! « Je vous le déclare, il leur fera justice bien vite ! » Mais il ne s'agit plus de la justice humaine qui départage des plaignants, il s'agit de la bonté attentive de Dieu qui transforme l'homme en prière et en fait un « juste ». Quelle subtilité !

Jésus maintenant semble se contredire. Il se moque de ceux qui rabâchent leurs prières, « comme les païens », en s'imaginant qu'à force de paroles ils seront exaucés. « Ne leur ressemblez pas, votre Père sait ce dont vous avez besoin avant que vous le lui demandiez ». Pour mieux se faire comprendre, il interpelle ceux qui l'entourent et provoque leur sourire en faisant appel à leur expérience la plus banale. « Qui d'entre vous, si son fils lui demande du pain, lui donnera une pierre ? » On s'amuse de l'invraisemblance. Jésus en rajoute « Qui d'entre vous, si son fils lui demande un poisson, lui donnera un serpent ? » La conclusion s'impose avec, au passage, un trait d'ironie : « Si vous qui êtes mauvais (!), vous savez donner de bonnes choses à vos enfants, combien plus votre Père qui est aux cieux donnera-t-il de bonnes choses à ceux qui le prient ! » Ce propos est rapporté ainsi dans l'évangile de

Matthieu. Dans celui de Luc, on constate une différence étonnante. On y lit : « Combien plus le Père céleste donnera-t-il l'Esprit saint à ceux qui le lui demandent ». Alors, « bonnes choses » ou Esprit saint ? Les deux ?

Le mot « Père » est apparu. C'est vers lui, et lui seul, que va la vraie prière. « Quand vous priez, ne soyez pas comme les hypocrites qui aiment prier debout pour être vus ». Jésus réjouit ses auditeurs en leur montrant ceux qui prennent de grands airs pour se faire voir. En attirant l'attention des badauds naïfs, ils récoltent leur autosatisfaction : ce sera leur seule récompense. Suit, à l'opposé, l'évocation de la vraie prière : « Entre dans ta chambre la plus reculée, verrouille ta porte ! » Nous voilà partis vers ce lieu secret, au plus intime du cœur, où Dieu réside, discret : « Adresse ta prière à ton Père qui est là dans le secret, et ton Père, qui voit dans le secret, te le rendra ». Les dévots ostentatoires veulent être « vus des hommes ». Ceux qui prient dans la chambre la plus reculée sont sous le regard du Père qui « voit dans le secret ».

Que de contrastes inattendus, risibles ! Quel dévoilement lucide de l'intériorité des consciences ! Jésus fait tomber les masques pour conduire vers l'intime rencontre de Celui qu'il appelle « Père ». Agilité de son humour qui prend la vie toute ordinaire pour tremplin !

Pas de théories ni de grandes considérations. Jésus regarde autour de lui, en quelques mots il fait dresser les oreilles, mais très vite il entraîne l'attention de ses auditeurs bien loin...

Exemple : le sel. Une pincée du bout des doigts et le bouillon prend toute sa personnalité. Mais si le sel s'affadit, on ne pourra même pas le saler, il est bon à être jeté... Le cercle des curieux fait la moue devant ce sel qui n'est plus du sel alors qu'il devait donner goût à tous les aliments, et Jésus laisse tomber : « Vous êtes le sel de la terre ! » Bigre ! Du sel, de l'humour pour délivrer la saveur de la vie ? Quelle ambition jetée aux visages attentifs !

Et cet homme qui rêve de bâtir une tour ? Il est assis devant l'emplacement qu'il a choisi, il lui semble la voir déjà dressée vers le ciel et il fait ses comptes : pourra-t-il aller jusqu'au bout du chantier ? S'il faut abandonner en cours de construction, tout le monde se moquera de lui ! Les auditeurs de Jésus sourient... Mais tout d'un coup ils comprennent que c'est d'eux qu'il s'agit. Autrement dit : pas d'amateurisme si on veut suivre Jésus, il faudra se donner corps et biens à construire le monde neuf ! On est loin de la tour : c'est en soi qu'il faut décider, c'est sur le chantier humain qu'il faudra retrousser les manches. Pas de demi-mesure.

Et ce roi qui veut partir en guerre contre un autre roi ? Lui aussi s'assoit. Il a mis en branle une armée de 10 000 hommes... Mais les renseignements sont alarmants : l'autre avance avec 20 000 combattants ! Comment ça va se terminer ? Le premier se gratte la tête, puis il donne l'ordre de la retraite à ses troupiers. Et pendant que l'autre roi est encore loin, il envoie une ambassade pour négocier la paix. Heureuse reculade... On sourit de l'histoire, c'est comme si on y était. Et on y est vraiment... mais d'une manière inattendue : « Quiconque parmi vous ne renonce pas à tout ce qui lui appartient ne peut être mon disciple ». A chacun de réfléchir pour se décider en connaissance de cause.

Rêve de bâtisseur, désir de guerre et de victoire ? Dans les deux cas, ne pas partir à la légère. C'est pareil pour suivre Jésus : ne pas oublier qu'il faudra le préférer à tout et à tous, prendre tous les risques. Jésus résume en une formule-choc : « Qui perdra sa vie à cause de moi la sauvera. »

Sur les visages tournés vers Jésus, les sourires s'éteignent. Suivre ce prédicateur qui chamboule tout ? Lui donner sa confiance totale ? Ceux qui le suivront devront transformer le monde ? Jésus le leur propose après avoir jeté un coup d'œil sur le paysage, montagne et lac. Il évoque un bouleversement cosmique, une sorte de tremblement de terre : « Si votre foi est semblable à une graine de moutarde – infime –, vous direz à cette montagne : Ote-toi de là et jette-toi dans la mer, elle le fera. Rien ne vous est impossible. »

Et de nouveau des images fascinantes. Une ville sur un sommet, impossible de ne pas la voir. Une lampe allumée, on ne va pas la mettre sous un boisseau, sous un lit ou dans une cachette ! On la met sur un lampadaire, elle brille pour toute la maisonnée et elle accueille de sa clarté ceux qui entrent. Où Jésus veut-il en venir ? Il regarde ses compagnons en attente muette, puis il leur lance : « Vous êtes la lumière du monde ! »

Etre le sel de la terre, la lumière du monde ? Il y avait bien de quoi s'asseoir et se prendre la tête entre les mains, comme l'apprenti architecte ou le roi va-t-en guerre, car il faut tout larguer si on se décide à suivre ce charpentier de Nazareth qui parle de choses si ordinaires et provoque à jouer sa vie.

Tout le pays parle du guérisseur. Jusqu'en Syrie, au Nord. Les malades, les estropiés, affluent. Et aussi les « démoniaques ». En ce temps-là, on pense que la maladie, le péché, Satan, sont liés. Il faut être libéré du démon et se purifier de ses péchés pour retrouver la santé. Dans les villages et les villes, que d'aveugles, de boiteux, d'infirmes ! C'est le règne de Satan, croit-on ! Verra-t-on, un jour, apparaître le règne de Dieu ?

Parmi tant de femmes et d'hommes rongés par quelque mal, certains sont plus misérables car ils sont relégués loin des agglomérations : les lépreux. On a peur de les rencontrer par crainte de la contagion. La seule vue de leurs mains et de leurs visages dévorés par l'horrible maladie sème l'effroi. Ils vivent en groupe, à distance. Ils doivent élever la voix, signaler leur présence et avertir de leur lèpre si quelqu'un par hasard s'avance vers eux.

Un homme couvert de lèpre a l'audace, un jour, de venir vers Jésus. A-t-il entendu parler de lui, des guérisons qu'il accomplit ? Il se met à genoux, se prosterne devant lui : « Si tu veux, tu peux me purifier ». Jésus fait le geste insensé, au risque de devenir lépreux, lui aussi : il étend sa main et le touche ! Quatre mots : « Je le veux, sois purifié ! ». La lèpre disparaît.

Soudain Jésus le chasse comme s'il voulait oublier, repousser l'énormité de l'acte qu'il vient d'accomplir. Comme s'il avait peur des conséquences d'une pareille initiative. « Ne dis rien à personne ! » et il le renvoie à la procédure qui précédait la réintégration d'un lépreux guéri dans la vie sociale : « Montre-toi au prêtre et fais l'offrande pour ta purification ». Mais l'homme se met à proclamer partout qu'il est guéri. Du coup, Jésus ne peut plus entrer ouvertement dans la ville : il se tient au loin, en des lieux déserts. C'est lui maintenant qui est exclu. Il prie. Beaucoup le cherchent.

Un soir, en barque, il revient à Capharnaüm. Quand on sait qu'il est là, c'est la ruée. La maison où il se trouve est vite pleine de gens. Il y en a dehors qui se pressent devant la porte. Impossible d'entrer. Arrivent quatre hommes qui portent sur un brancard un paralysé. Que faire ? Ils n'hésitent pas longtemps. L'un d'eux fait un geste et ils montent sur le toit, avec le paralysé. La couverture des maisons était faite de branchages et de terre. Les voilà qui font un trou, en arrachant la paille, les branches, les brindilles. On entend les protestations de ceux qui reçoivent sur la tête et dans le cou les gravats et la poussière. Ils vont tout démolir ? Quand l'ouverture est assez grande, ils descendent lentement le brancard. Dans la salle, on s'écarte, des hommes lèvent les bras et les mains pour le saisir et finalement le poser sur le sol devant Jésus. Les porteurs regardent d'en haut.

Jésus, « voyant leur foi », dit le texte – quelle pouvait bien être cette « foi ? » –, dit au paralytique : « Tes péchés te sont remis ! » Toujours le blocage entre péché et maladie. Murmures variés dans la salle. Des scribes – des lettrés versés dans l'étude de la loi – et des Pharisiens s'indignent : « Il blasphème !... Qui peut remettre les péchés sinon Dieu seul ? » Jésus a entendu. Il leur rétorque : « Arrêtez vos discours ! Qu'est-ce qui est le plus facile de dire au paralysé : Tes péchés te sont remis, ou lève-toi et marche ? Eh bien, pour que vous sachiez qu'il est possible de remettre les péchés... » Il regarde l'homme qui gît sur le brancard et lui dit : « Lève-toi, prends ton grabat et rentre chez toi ». Le paralysé se dresse et empoigne son brancard. Les gens s'écartent. Il sort. On le regarde s'éloigner. Les quatre amis sont descendus du toit, ils l'entourent, l'embrassent.

La foule est dans la stupeur. Certains remercient Dieu, d'autres éprouvent une sorte de crainte et disent : nous avons vu d'étranges choses aujourd'hui ! Les scribes et les Pharisiens s'excitent les uns les autres. Mais pour qui se prend-il, ce prédicateur ambulant qui pardonne les péchés dans une maison au toit percé ? N'est-il pas en train de démolir l'édifice sacré de la religion ?

Il n'a même pas dit au paralytique de confesser son péché, de prier pour implorer le pardon, d'aller au Temple offrir un sacrifice d'expiation... rien ! Il gaspille le pardon. Comme si c'était tout naturel. Comme si le mal n'existait plus.

Il saisit la moindre occasion pour montrer que le Règne de Dieu bouscule le règne de Satan et toutes les paralysies corporelles, sociales, religieuses !

Ambiance ! Les invités des nouveaux époux sont à moitié ivres et Jésus transforme de l'eau en vin pour entretenir les beuveries. Comme s'ils n'avaient pas assez bu !... C'est son premier miracle, d'après Jean. Ça commence bien : un miracle pour achever de saouler une noce !

Jésus est « de noce », comme on dit dans le Midi. Il y a aussi sa mère. Le marié ou la mariée devait être de la famille. Les « pêcheurs d'hommes », la petite bande des premiers compagnons, a suivi. On invitait large et les festivités duraient des jours et des nuits. Côté cuisine, on s'activait : on avait vidé la cave, les poulaillers étaient en deuil, les troupeaux aussi, et l'odeur des viandes rôties flottait dans l'air. Tout ce monde joyeux buvait sec.

La mère de Jésus observe. Depuis un moment elle voit les serveurs agités qui reviennent vers le Chef avec leurs pichets et lui parlent à voix basse. Elle a compris : il n'y a plus de vin, on a tout bu. Quelques mots à Jésus qui n'y prête guère attention, quelques mots aux serveurs... Il y avait à côté six énormes jarres de pierre : chacune contenait environ quatre-vingt litres. Les Juifs y prenaient de l'eau et s'en aspergeaient, c'était un rite pour se purifier. Que faisaient ces énormes récipients dans ce village ? Légère impression d'invraisemblance...

Jésus dit aux serveurs de les remplir à ras bord. Il ajoute sans plus : « Puisez et portez-en au chef ! » L'un des garçons remplit la coupe du chef qui goûte une fois, deux fois, et pousse un léger sifflement. Il s'approche du marié : « Bravo ! Habituellement, on commence par le bon vin et, quand les gens sont éméchés, on sort le gros rouge. Toi, tu continues avec du bon ! » Pas de réaction.

On ne saura pas comment s'est faite la transformation. On aurait aimé voir rougir l'eau et, en même temps, les visages ahuris des gars qui servaient. Rien. Jésus n'a rien fait, il n'a pas prononcé une prière, il a seulement laissé tomber quelques mots : « Remplissez les jarres, puisez... » Personne n'a posé de question en voyant les serveurs tirer du vin des bénitiers. En est-il resté dans le fond ? Environ cinq cent litres de vin ! Que de bizarreries !

Le récit atterrit brusquement sur des formules solennelles : « Ce fut le commencement des signes de Jésus. Il manifesta sa gloire et ses disciples crurent en lui. » Bigre ! On passe vite de la boisson à la « gloire » et à la « foi » : déjà les grands thèmes de l'évangile de Jean ! Ce texte étonnant est au début comme les premières mesures de la musique qui va suivre. On se précipite vers les autres évangiles – Marc, Matthieu, Luc – pour voir comment ils racontent l'événement et là, surprise : ils n'en disent pas le moindre mot. Comment ont-ils pu ignorer ou omettre pareil fait ? Que penser de ce silence ?

Et s'il fallait plutôt poser la question inverse : comment expliquer la présence de ce récit dans l'évangile de Jean ? La plupart des spécialistes qui scrutent ce texte constatent qu'il est tissé d'allusions symboliques : l'eau désigne les pratiques juives que les chrétiens n'observent plus à la fin du premier siècle ; le vin était souvent évoqué dans les Ecritures Saintes pour annoncer le festin de la fin des temps : il était le signe du Règne de Dieu enfin inauguré par la venue du Messie... Jésus répond à la demande par un don surabondant, il décide souverainement. Où, comment est née cette belle histoire que l'on se racontait en souriant ? On l'ignore.

En réalité, le texte est polémique. A l'époque de Jean, les chrétiens ont quitté la synagogue et se sont séparés de la religion juive. Jean projette vers le passé cette séparation et le renouveau radical apporté par Jésus : finis les rites juifs, ils font place à l'adhésion totale à Jésus. Les jarres d'eau débordent de vin. La rupture est consommée : Jean en donne le « signe », dès le début de son évangile et continuera de le montrer tout au long de son livre.

Y a-t-il alors un noyau historique au miracle de Cana ? Probablement pas. A-t-on tout perdu en constatant que ce récit a été finement construit – un « signe » – pour nous conduire bien au-delà de l'anecdote vers une signification plus profonde ?

Il montre en souriant que Jésus fait du neuf. Avec lui, l'eau de l'existence éteinte se change en un vin de vie ardente. Les noces de Dieu avec l'humanité sont en train. Humour de ces phrases : quand les prophètes évoquaient jadis le festin de la fin des temps, qui aurait pu penser que l'eau versée dans les jarres pour la purification serait transformée en vin généreux ? Avec Jean, on va, avec de l'eau, enivrer la noce. Quel symbole ! Quelle ouverture rieuse de la symphonie, bientôt tragique, de Jésus !

Au IV*e* *siècle déjà, dans la Règle qu'il rédigea pour les moines, Saint Basile écrivit que, d'après les quatre évangiles, Jésus n'avait jamais ri. Beaucoup de théologiens, de prédicateurs, lui firent écho : dans le monde grec, on utilisa le terme « agelestia » (absence de rire) pour désigner le sérieux de Jésus.*

En Occident, une formule de la Lettre de Lentulus au Sénat romain – un apocryphe du Moyen Age – fut indéfiniment répétée au sujet de Jésus : « Aliquando flevit sed nunquam risit » (Il pleura quelquefois, mais jamais il ne rit).

Cependant l'art chrétien donnait à Jésus un visage grave et parfois sévère : cette image s'imprima dans les mentalités chrétiennes.

Jésus a-t-il ri ? Ce qui est sûr, c'est qu'il ne manquait pas d'humour. Il racontait des histoires, dans des repas où il faisait des rencontres variées. Il maniait la parabole avec une légèreté de touche que les exégètes et les théologiens ont souvent méconnue et que l'on découvre de plus en plus.

Il disait : « Le Royaume de Dieu, c'est comme une poignée de levain », ou encore : « Détruisez ce Temple, et je le rebâtirai en trois jours... ». Quelle distance entre les mots, alourdis de passé, et la manière dont Jésus les gonfle d'avenir !

Jésus avait tous les raffinements de l'humour oriental. Que de fois ses adversaires en feront les frais. « Simon, je vais te poser une question... ». La Samaritaine avait de l'humour, mais il en avait plus qu'elle, et elle en devint soudain toute sérieuse... Il réclamait des outres neuves, alors qu'on pense si souvent que le vin se gâterait sans les vieilles outres... Et si la situation devenait inquiétante, il invitait ses compagnons à « regarder les oiseaux du ciel... »

Jésus ne s'attachait pas aux attitudes exemplaires qui transpirent l'ennui. Il parle de l'audace d'un marchand de perles, de l'astuce d'un régisseur malhonnête, d'un semeur qui sème n'importe où. Aux accusateurs d'une femme, il lance : « Que celui d'entre vous qui est sans péché lui jette la première pierre ! » et ils partent tous, « en commençant par les plus vieux » !

Avec une liberté souveraine, Jésus va jusqu'à l'ironie : « Je ne suis pas venu pour les biens portants », et jusqu'à l'insolence : « Engeance de vipères ! ». Son humour ouvre sans cesse des brèches et transgresse tous les enfermements, ceux du cœur de l'homme, ceux de la société de son temps.

Que dirait-il aujourd'hui devant l'ankylose de nos nations, de nos églises ? Quelles questions explosives poserait-il ? Quelles paraboles raconterait-il pour faire naître notre sourire et vaincre nos pesanteurs ?

Les compagnons de Jésus sortent de l'un de ces repas auxquels il aime participer. Dehors, un groupe d'hommes les attend. Ils sont venus de Jérusalem, la ville sainte où siègent toutes les autorités. Pour épier Jésus, le prendre en faute. Pour l'accuser.

Ils ont vu que les compagnons de Jésus mangent sans s'être lavé les mains. Alors que la pratique courante est de se les laver jusqu'au coude avant les repas. D'où vient cet usage ? Selon la loi juive, les prêtres se purifient ainsi avant d'accomplir leur service au Temple. Cette règle s'est progressivement étendue à tous avant de passer à table : le repas n'était-il pas un acte religieux ? On a fini par rattacher ces obligations à Moïse, l'homme qui avait conduit Israël de l'Egypte vers la Terre Promise, et qui avait reçu la Loi de Dieu sur le mont Sinaï.

Les règles de « pureté légale » sont devenues pour certains si méticuleuses qu'elles en perdent leur signification : ils ne voient que leur accomplissement matériel. Il faut aussi les observer en lavant les ustensiles de cuisine. Jésus, lui, apprend à ses disciples, de jour en jour, à regarder le sens profond des gestes et des conduites. Il les libère des obsessions de détail qui font oublier l'essentiel. Les adversaires de Jésus attaquent : « Pourquoi tes disciples ne suivent-ils pas la tradition des anciens ? Ils mangent sans s'être lavé les mains ! ».

Jésus réplique, sur leur propre terrain : « Vous, pour observer votre tradition, vous violez le commandement de Dieu ! » Moïse a transmis le commandement « Honore ton père et ta mère... et vous dites que vous avez fait le vœu de donner à Dieu une partie de vos biens, pour ne pas aider vos parents ! Vous vous servez de votre tradition pour annuler la parole de Dieu ! Et vous en faites bien d'autres... »

Le ton devient cinglant : « Hypocrites ! ». Jésus, enjambant toutes les traditions, leur cite Isaïe, le grand poète-prophète : « Isaïe a bien prophétisé de vous quand il a écrit : Ce peuple m'honore des lèvres mais leur cœur est loin de moi. Il est creux, leur culte, et leurs discours ne sont que des commandements humains ! »

Les gens regardent de loin la bagarre entre Jésus et ses ennemis. Mais voilà que Jésus se retourne et appelle la foule : « Venez ! Venez ! » Pas question de rester entre gens savants. La dispute est pour tous. On considère comme impur tout ce qui semble éloigner du sacré : la maladie, l'écoulement du sang, certains animaux, certains aliments, le porc par exemple. Ces tabous – on en rencontre dans toutes les religions sans en connaître les origines obscures – imprégnaient la vie quotidienne. Cette pureté légale, rituelle, toute en rites extérieurs, n'était pas la pureté morale, celle du cœur. Celle que regardait Jésus.

Devant tout ce monde, Jésus choisit le domaine le plus quotidien de cette pureté : les interdits alimentaires. Il élève la voix : « Ecoutez, comprenez ! » Et en une seule phrase, il renverse tout : « Ce n'est pas ce qui entre dans l'homme qui le rend impur, c'est ce qui sort de l'homme, qui le rend impur ». Il vient de bousculer la pureté rituelle. Il en appelle à la vraie pureté, celle du cœur.

Des disciples s'approchent et lui disent : « Il y a des gens qui sont choqués ». Et lui de répliquer : « Laissez, ce sont des aveugles qui guident des aveugles. Mais si un aveugle guide un aveugle, tous les deux tombent dans un trou ».

La foule se disperse. Jésus revient à la maison. Là, les compagnons l'interrogent : « Explique-nous ». Ce qu'il a dit est si loin de ce que tout le monde pense et vit ! Et sa parole a été si énigmatique. Il s'étonne d'abord : « Vous aussi, vous êtes bouchés ? » Et il continue : « Vous ne comprenez pas que tout ce qui entre dans la bouche passe dans le ventre et s'en va dans les cabinets ? » Bravo pour cette dernière précision. Ils en restent pantois.

Il répète : « Ce qui sort de l'homme c'est ça qui le rend impur ! Ce qui est mauvais, c'est ce qui sort du cœur : débauche, vol, adultères, jalousies, orgueil... Tout ça rend l'homme impur, mais manger sans s'être lavé les mains ne rend pas l'homme impur ! »

Il met tout sens dessus dessous. On va en parler partout. Et en particulier à Jérusalem, au Temple, parmi les prêtres, dans les écoles des scribes...

Il est bien téméraire.

C'est le soir, bientôt la nuit. Jésus leur dit : « Passons de l'autre côté ». Et les voilà partis. La mer de Tibériade offre le plus court chemin pour aller d'une rive à l'autre, d'un village ici à un village là-bas. On a fait à peu près la moitié du parcours lorsqu'une tornade descend des montagnes. Les vents se déchaînent, la mer entre en folie, les hautes vagues se précipitent sur la barque qui commence à se remplir d'eau. Les « pêcheurs d'hommes » n'arrivent pas à écoper. Cris, panique.

Et Jésus ? Il dort, à la proue, sur le coussin. Alors que l'embarcation se soulève, s'enfonce, comme coquille de noix sur le tumulte des flots... Ils le secouent : « Maître, on est perdu. Tu ne le vois pas ? » Jésus se réveille, il se dresse face à la tempête, il menace les vents et il crie à la mer déchaînée : « Tais-toi, silence ! » La traduction littérale pourrait être : « sois muselée », ou encore, en français quelque peu vulgaire : « ferme-là ! » Jésus avait dit les mêmes paroles pour libérer le possédé de la synagogue.

Le vent tombe, les eaux lèchent paisiblement les bords de la barque, un grand calme règne soudain. Jésus regarde ses compagnons : « Et votre foi alors ?... Peureux que vous êtes ! »

Maintenant ce n'est plus la peur, mais une crainte sacrée qui les envahit en regardant Jésus : « Qui est-il pour que même le vent et la mer lui obéissent ? »

Le phénomène n'était pas rare, en ces temps-là, et on l'observe encore aujourd'hui. Les vents venus de la Méditerranée bataillent avec les vents d'Est et la tornade se précipite du haut des montagnes vers le lac, le soulève en tempête, et soudain tout s'apaise. Est-ce à ce moment-là que Jésus lance ses ordres aux vents et à la mer ? Peut-être, mais pas sûr. Cette explication « rationnelle » oublie que le récit est discrètement fleuri de significations symboliques.

Les Juifs n'avaient pas le pied, ni le cœur, marin. Israël n'eût jamais de flotte sur la Méditerranée, alors que les Phéniciens, au Nord, voguaient sur toute l'étendue de la Méditerranée. Pour les Juifs, la mer était le lieu des monstres et des puissances maléfiques. Il fallait bien aller à la pêche, mais on avait peur des profondeurs obscures. Quand vers la fin du Ier siècle, l'auteur de l'Apocalypse (le mot signifie « Révélation ») évoque le monde transfiguré par Dieu, il écrit : « De mer, il n'y en aura plus ! » Ce qui veut dire : le mal n'existera plus dans l'univers nouveau. Le récit de la « tempête apaisée », signifie que Jésus est vainqueur du mal. Avec les mêmes mots, il commande au démon qui tourmente le possédé et à celui qui déchaîne la tempête.

Marc, en rédigeant le texte, a aussi en mémoire, sous les yeux, les textes des Ecritures Saintes, tels que ces versets des psaumes 107 (versets 28-29) : « Ils criaient vers le Seigneur dans la détresse. De leur angoisse, il les a délivrés. Il ramena la bourrasque au silence et les flots se turent ».

Alors tempête « apaisée » tout naturellement, phénomène météorologique bien connu sur la mer de Galilée ? Récit brodé d'allusions aux Ecritures Saintes, peut-être même construit à partir de réminiscences pour déployer des significations qui stimuleront la foi des disciples ? Les textes de Matthieu et Luc, écrits à partir de celui de Marc, en dépendent tellement qu'on ne peut pas considérer que les faits sont rapportés par plusieurs sources.

Une incertitude demeure. Mais ce qui est certain, c'est que les disciples, vers les années 60 et ensuite, ont à traverser bien des tempêtes en voguant vers l'autre rive et qu'ils trouvent courage en regardant avec humour Jésus endormi sur le coussin... et soudain dressé en criant à la tempête et au mal sous toutes ses formes : « Tais-toi ! Va-t-en ! »

Beaucoup de nos contemporains restent dubitatifs et sont même gênés devant les « miracles » de Jésus rapportés par les évangiles. Ils préfèreraient que Jésus ait été seulement un sage, un maître de morale, un philosophe qui invitait à l'amour universel.

L'étude des textes oblige à reconnaître que Jésus a accompli des actes extraordinaires. A son époque, dans d'autres contextes religieux, il y avait aussi des événements « miraculeux » que l'on attribuait aux pouvoirs de certains personnages : on n'opposait pas ces faits aux lois de la nature qui étaient largement inconnues. On y voyait la proximité de Dieu, des dieux : les « miracles » étaient accueillis comme des signes de la présence et de la bienveillance divines.

Si l'on étudie les évangiles sans en arracher de pages, il faut bien constater que Jésus fut considéré comme un guérisseur qui rendait la santé et comme un exorciste qui chassait les démons. On pensait communément dans le monde juif que les maladies étaient des conséquences des péchés et de l'influence de Satan sur les humains. On établissait une sorte d'équation entre le mal, le péché et Satan.

Les miracles de Jésus, à la différence de ceux qu'opéraient d'autres personnes, n'étaient pas seulement des prodiges bienfaisants : c'étaient aussi, pour lui, des signes de la venue du Règne de Dieu qui repoussait le règne de Satan. Il montrait que l'intervention de Dieu, annoncée par les prophètes et en particulier par Jean le Baptiste, était à l'œuvre.

Est-ce à dire que ces récits sont des comptes rendus fidèles de ce qui s'est passé en réalité ? La réponse à cette interrogation n'est pas simple. Il n'y a pas une réponse unique qui concernerait globalement tous les « miracles ». L'examen rigoureux des textes des quatre évangiles, de leurs ressemblances et de leurs différences pour le même « miracle », montre que les rédacteurs de ces récits ont étoffé, interprété, amplifié, transformé... pour nourrir la foi des auditeurs ou des lecteurs. Comme le faisaient les traditions d'Israël qui présentaient souvent telle ou telle croyance sous la forme d'un récit... Les spécialistes parlent du travail « rédactionnel » des évangélistes.

Faudrait-il considérer que les récits de miracles seraient des créations des premiers chrétiens qui auraient exprimé leur foi en Jésus à travers des récits symboliques, sans correspondance avec des événements réels ? Cette position radicale n'est pas tenable. Il faut plutôt approfondir l'étude et l'examen de chaque texte. On distinguera particulièrement divers types de miracles : les guérisons et exorcismes, échos de la pratique de Jésus, les résurrections mises en relation avec celles qu'avaient accomplies les prophètes Elie et Elisée, les miracles dits « de la nature » (ex. la tempête apaisée) où la signification symbolique est très présente.

Ces recherches n'aboutissent pas toujours à des conclusions partagées par tous les spécialistes, exégètes et historiens, qu'ils soient ou non chrétiens. On peut espérer meilleure connaissance dans l'avenir. L'important est sans doute, pour ceux qui suivent le chemin ouvert par le prophète de Nazareth, d'accueillir, de prolonger, d'actualiser la foi des premiers chrétiens. La nouveauté inaugurée dans le monde par le passage de Jésus, est reconnue par les historiens de toutes appartenances. On a envie d'écrire, en jouant quelque peu sur le mot : cette nouveauté n'est-elle pas le vrai, l'inépuisable miracle ?

Les disputes avec les inspecteurs de Jérusalem deviennent de plus en plus âpres. Mieux vaut quitter pour quelques jours la Galilée qui devient dangereuse. Jésus et ses compagnons franchissent la zone frontière vers le Nord, l'actuel Liban. La contrée est peuplée de Cananéens. Les Hébreux, dans le passé, ont dû se battre avec eux pour se faire une place au soleil : ce sont des ennemis. Les femmes aussi furent dangereuses. Beaucoup avaient belle allure : interdiction d'en épouser. Il fallait éviter la mésalliance pour ne pas abâtardir la nation et éviter la contamination du « peuple de Dieu » avec les divinités étrangères. Attention, les gars, les yeux à l'horizon !

Ils sont dans une maison. Jésus veut que personne ne sache qu'il est là. Et voici qu'entre une de ces femmes Cananéennes. Comment a-t-elle su ? Quel toupet d'entrer dans la salle devant ces hommes ! Elle n'arrête pas de crier : « Aie pitié de moi, ma fille est tourmentée par un démon ! » Les compagnons de Jésus s'approchent de lui : « Fais quelque chose pour cette femme qui nous casse les oreilles ! »

La réponse de Jésus est stupéfiante : « Je n'ai été envoyé qu'aux brebis perdues de la maison d'Israël ! » Alors le fameux « Règne de Dieu » serait réservé aux Juifs, et le démon pourrait continuer de régner sur tout le reste du monde ?

Jésus est devant une frontière intérieure. Va-t-il la franchir ? La femme était grecque, née en Syrophénicie. Elle s'obstine, elle s'avance, elle arrive devant Jésus et se prosterne en suppliant : « Au secours ! »

Nouvelle réponse de Jésus, encore plus stupéfiante : « Ce n'est pas bien de prendre le pain des enfants pour le jeter aux petits chiens ». Les enfants, ce sont les Juifs, et les chiens... ce sont les autres !

La femme attrape au vol la parole insultante. Elle va y trouver appui pour justifier sa demande. Elle ne proteste pas, elle semble accepter, mais en quelques mots étincelants de finesse, elle va briser les blocages : « les petits chiens sous la table mangent bien des miettes que laissent tomber les enfants ! »

Instant décisif ! Jésus est bouleversé, émerveillé. Les compagnons Juifs l'entendent soudain prononcer une phrase qui va traverser les siècles : « O femme, ta foi est grande !...

Comment peut-il parler de « foi » alors que cette femme est païenne ? La foi ne serait donc plus un credo, un ensemble de croyances, l'adhésion à la vraie religion ?

A l'époque où Marc, puis Mathieu, relatent cette rencontre « à l'étranger », on discute et même on se dispute, parmi les Juifs devenus disciples de Jésus, pour savoir s'il faut admettre ou non, dans les communautés, des païens convertis ! Certains font remarquer que Jésus n'a pas organisé de mission vers les nations étrangères. Mais d'autres n'ont pas oublié la conversation avec la Cananéenne. Ce jour-là, bousculé par cette femme, Jésus a préfiguré et amorcé l'offre de la Belle Nouvelle à tout l'univers ! Jusqu'au plus intime de lui-même, les barrières se sont brusquement renversées et il a franchi toutes les frontières !

Le mot « foi » a explosé !

La « foi » ? Un jour, un officier romain s'avance vers Jésus. A l'entrée de Capharnaüm. L'homme a belle allure : c'est un « centurion », il commande une centaine de soldats. Comme qui dirait aujourd'hui un capitaine. Mais devant son enfant, paralysé, sur le point de mourir, il est complètement désarmé. Il vient demander à Jésus de le guérir. Jésus a d'abord un recul : « Moi, j'irais le guérir ? » Un instant d'hésitation, puis il dit : « Je viens ».

L'officier reprend : « Je ne suis pas digne que tu entres dans ma maison, mais un mot de toi et mon petit sera guéri ». Il ajoute : « Moi-même, j'obéis à mes chefs et mes hommes m'obéissent. Il suffit que je dise à l'un ou l'autre : Fais ceci et il le fait ».

Jésus s'arrête, se retourne vers le groupe qui suivait, et laisse tomber, solennellement, devant tout le monde : « En vérité, je vous le dis, je n'ai pas trouvé pareille foi en Israël ! » En Israël où il y avait tant de gens pieux, tout donnés à Dieu ? Le voilà qui vante un païen qui adorait on ne sait quelles divinités, et un officier de l'armée d'occupation romaine ! Où veut-il en venir ?

Un silence compact. Jésus regarde ceux qui l'observent. La suite devient cinglante : « Beaucoup viendront du levant et du couchant, du nord et du sud, ils s'assiéront à table dans le Royaume de Dieu... Il y aura des pleurs et des grincements de dents quand vous les verrez assis avec Abraham, Isaac et Jacob (les ancêtres prestigieux du peuple d'Israël, d'après les traditions) et avec tous les prophètes, alors que vous, vous serez jetés dehors ! »

L'enfant est guéri, immédiatement, à distance. Toute la maisonnée du capitaine croit en Jésus.

Entre Matthieu et Luc – et Jean plus tard – qui rapportent cette guérison, il y a des différences importantes. Leurs textes ont des pointes polémiques : ils font voler en éclats la suffisance de ceux qui se considéraient comme les invités exclusifs du festin final... Jésus, lui, s'extasie en regardant vers l'avenir ultime, vers la multitude des hommes de tous pays, de toutes religions : « Beaucoup viendront de partout !... ». Et c'est un solide païen, ce militaire romain, qui lui a ouvert les yeux ! Distance infinie entre la prétention de certains à être le peuple de Dieu, et la vision éblouie de toute l'humanité en marche... Humour, ironie, folle disproportion entre la fermeture des uns et l'immense invitation... Comment ne pas sourire ?

Au temps où écrivent Matthieu et Luc – vers l'an 80 –, les païens qui deviennent chrétiens se réjouissent en pensant que Jésus lui-même avait été vers eux. Et certains juifs se scandalisent de voir ces femmes et ces hommes accueillis dans les communautés sans passer par les rites d'entrée dans la religion juive : « ils grinçaient des dents ».

Depuis Jésus, la « foi » n'est plus engoncée dans des observations, elle est devenue aérienne. Il avait dit : « L'Esprit souffle où il veut... »

On raconte cette histoire stupéfiante ! Deux mille cochons noyés ! L'événement se passe dans la Décapole, une région « païenne » vers l'Est, en dehors d'Israël.

Jésus arrive en barque. Un homme vient vers lui en hurlant, un « possédé » qui vit nu dans des tombeaux. Les gens du pays ont essayé de l'attacher avec des chaînes, mais il les brise. Il va de côté et d'autre, il vocifère, il se blesse volontairement avec des pierres !

Il arrive devant Jésus et se laisse tomber en criant : « Qu'est-ce que tu me veux, fils du Dieu Très-haut ? Je t'en supplie au nom de Dieu, ne me tourmente pas ! » Jésus lui dit sans hausser la voix : « Sors, esprit impur ! » Puis il lui demande : « Quel est ton nom ? » Le forcené répond : « Légion, nous sommes beaucoup ! » Il le supplie de ne pas le chasser du pays.

L'histoire va se corser. Il y a près de là, sur les pentes, un grand troupeau de cochons en train de paître. Les démons, locataires du possédé, demandent à Jésus : « Si tu nous vides, envoie-nous dans les cochons ! » Jésus dit : « Allez-y ! » Les démons entrent dans les cochons, de tous côtés les bêtes se mettent à geindre, et soudain tout le troupeau fonce vers un escarpement et saute dans la mer : on les voit, le groin en l'air, en train de se noyer. Bientôt la mer redevient étale : deux mille cochons noyés !

Les bergers s'enfuient en courant vers la ville pour tout raconter. Une foule vient sur les lieux. Stupeur : l'homme qui était bourré de démons est assis, paisible, habillé (!), aux pieds de Jésus et s'exprime d'une manière tout à fait sensée. La peur court dans la foule... Des témoins qui ont vu le plongeon et la noyade des porcs racontent. Les gens bientôt supplient Jésus de quitter le pays !

Lui remonte dans la barque. Le possédé veut aller avec lui. Mais Jésus le renvoie : « Rentre chez toi, dans ta famille, et raconte tout ce que Dieu a fait pour toi. » L'homme se met à proclamer dans toute la région ce que Jésus a fait pour lui. Les gens sont dans l'admiration : a-t-on oublié tous ces cochons noyés ?

Bizarreries, invraisemblances, allusions plaisantes, il est difficile – impossible – de lire ce récit comme si c'était un rapport de gendarmerie ! D'ailleurs les différences entre les trois évangiles – Marc, Matthieu, Luc – qui racontent l'histoire montrent que ce texte a été repris et modifié, plusieurs fois.

Exemple que scrutent les spécialistes : Marc situe l'événement au pays des Géraséniens, Matthieu parle de Gadaréniens et Luc de Geréséniens... Chacun a-t-il voulu s'adresser à de telle bourgade et à telle population ?

Pour certains, le mot « Légion » pourrait désigner les troupes romaines, car telle légion avait un cochon au sommet de son enseigne !

La perplexité demeure. Il y a sans doute un fait « historique » à l'origine. Quel est-il ? Impossible à préciser. Quand, pourquoi ce texte et son évolution d'un évangile à l'autre ? Sans doute pour montrer que Jésus n'est pas venu seulement pour les Juifs, mais qu'il apporte la libération même aux « païens ». Il a accosté sur « l'autre rive ». Il s'est risqué hors d'Israël : là aussi, il a montré que le règne des démons ne résiste pas à l'approche de Dieu !

Dans les années 50 à 80, on discute dans les communautés : faut-il accueillir celles et ceux qui ne sont pas juifs ? Les partisans de leur admission aiment rappeler que Jésus, déjà, a été vers eux. Ils racontent la démarche de Jésus, et avec un humour subtil, ils montrent la déroute des démons, tous ces groins en train de sombrer (détail oublié ? Les cochons savent nager !).

Peut-on connaître Jésus ? Les écrits qui nous parlent de lui ont été rédigés 20 ans, 40 ans, 60 ans après sa mort. Ils nous disent comment on croyait en lui dans des communautés et des lieux différents, avec des problèmes et des éléments de réflexion variés. En Palestine, en Grèce, en Syrie, en l'an 70 ou en l'an 90, les questions posées par la vie, les contextes religieux et intellectuels, les ressources de la pensée et des langages n'étaient pas les mêmes.

Nous n'avons pas de rapports de police ou d'enregistrements au magnétophone qui nous diraient les paroles et les actes de Jésus. Ce qui nous est offert, c'est l'écho de ces paroles et de ces actes, les manières dont on les rapportait, en les adaptant parfois en fonction des circonstances pour les actualiser et en recevoir une lumière vivifiante.

Il n'y a pas d'accès direct à Jésus. Nous recueillons les témoignages de la « foi » en lui qu'exprimaient des chrétiens du premier siècle. Est-ce à dire que nous ne savons rien de ce que Jésus a dit et fait ? En réalité, on sait beaucoup : l'étude des textes avec leurs différences et leurs ressemblances, la connaissance toujours plus approfondie des milieux dans lesquels ont vécu Jésus d'une part, et les auteurs des évangiles, d'autre part, permettent d'apercevoir ce que fut la nouveauté de la Bonne Nouvelle. Les travaux des chercheurs, chrétiens ou non, qui se poursuivent depuis plus de deux siècles, ont permis de beaucoup avancer.

On en est arrivé à distinguer le ou les « Jésus de la foi » (les divers portraits de Jésus que nous ont laissés les premiers chrétiens) et le « Jésus historique » (celui que les historiens essaient de préciser avant que les croyants aient revêtu sa vie et son œuvre de leurs interprétations). Reste qu'il y a encore une distance entre le « Jésus des historiens » et le « Jésus réel », celui qui fut artisan, qui fit de longs chemins dans sa conscience : que se passait-il à l'intime de lui-même ?

Les historiens d'aujourd'hui, même lorsqu'ils disposent d'archives considérables, savent bien que toute « biographie » est dans une large mesure une construction artificielle et qu'elle ne fait qu'approcher du mystère qui est au cœur de toute personne. Et pour Jésus, on ne peut pas parler de biographie au sens actuel du terme car des zones entières de son existence nous échappent.

La mémoire a retenu, habillé, prolongé, ce qui pouvait nourrir la vie des disciples et des communautés. Ceux qui écrivaient l'histoire, dans l'Antiquité et jusqu'en notre XVIIIe siècle, avaient le souci d'édifier, de célébrer, de donner des exemples à imiter. Les méthodes historiques soucieuses d'approcher l'exactitude sont récentes. Elles sont précieuses : le Jésus des historiens permet de mettre en doute des présentations du Jésus de la foi qui dériveraient vers des constructions imaginaires et parfois délirantes.

Mais il est normal que les croyants – ceux du XXIe siècle comme ceux du premier –, en voulant être fidèles à l'esprit de Jésus et « marcher à sa suite », prolongent, adaptent, rendent actuel son message. Le sillage s'élargit, vivant, vivifiant.

Il n’y va pas doucement : il les traite de « vieilles outres ».

Ils ont cherché la dispute. Ces hommes très religieux jeûnaient deux fois par semaine : ils se scandalisent de voir que les compagnons de Jésus ne jeûnent pas et se comportent en bons vivants. Lui-même, d’ailleurs, va volontiers dans des repas et certains disent : « c’est un glouton et un ivrogne ».

Jésus semble d’abord se moquer. Il lance en riant : « On fait la noce. Mais oui, on est en noce... Vous ne voulez quand même pas que les invités des mariés se mettent à jeûner ? » En fait, la plaisanterie est truffée d’allusions. Dans les Ecritures Saintes, certains passages présentaient Dieu comme l’époux d’Israël. On attendait le jour ultime où on célébrerait des noces définitives : le vin coulerait à flot... Jésus aurait-il le culot de se présenter comme cet époux de la fin des temps ?

Sur le moment, il bouscule la bonne conscience des accusateurs. Ces hommes étaient très exigeants pour eux-mêmes. C’était pour Dieu qu’ils passaient des journées sans manger : ils voulaient proposer à tous les juifs fervents cette pratique. Mais certains d’entre eux en tiraient une autosatisfaction comme s’ils étaient des modèles, comme s’ils avaient accompli tout ce que Dieu attendait d’eux.

C’est cette suffisance, cette prétention à juger les autres, cet enfermement dans des pratiques, que raille Jésus. Il se souvient des paroles d’un prophète qui avait écrit jadis : « Ne savez-vous pas le jeûne qui me plaît ? dit le Seigneur... Rompre les chaînes injustes, renvoyer libres les opprimés, partager ton pain avec l’affamé ».

Va-t-on discuter, chercher à s’accorder ? Le face à face sera bref. Jésus laisse tomber une conclusion brutale, tranchante :

« A vin nouveau, outres neuves ! » Les outres sont des peaux de chèvres vidées, entièrement retournées. Un lacet permet de les fermer à la hauteur du cou. Elles servent à conserver et à transporter du vin. La peau garde quelque temps une certaine élasticité : le vin nouveau peut fermenter sans la rompre. Mais si on utilise des outres sèches, un peu craquelée, on peut être sûr qu'au printemps, quand le vin semble se réveiller et se met à « travailler », les vieilles peaux vont se déchirer et se vider !

Jésus parle comme un vigneron mais c'est lui qui verse le vin nouveau. Impossible d'utiliser les vieilles outres, d'être esclave des traditions figées, de se donner bonne conscience en se soumettant à des observances.

La liberté rieuse de Jésus explose. Il n'envisage même pas de raccommoder les outres. La liberté qu'il apporte est totale. Que faut-il faire des vieilles outres ? Il ne se pose même pas la question. Impossible de s'attarder au passé, de chercher des compromis ou des adaptations. Jésus ouvre l'avenir avec un humour insolent. « A vin nouveau, outres neuves ». Il les a traités de « vieilles outres »... Ce ne sera pas oublié.

Quel art de peindre des tableaux et de les opposer ! Pour réjouir les assistants et les faire réfléchir...

Premier tableau : un homme riche, habillé de pourpre et de lin très fin ! Il est tous les jours à faire bombance avec ses amis. Il ne prête pas la moindre attention à un pauvre bougre, couvert d'ulcères, qui est couché, pitoyable, devant la porte de la maison.

Les plats circulent sur les tables fleuries, on mange, on boit, on parle fort. Dehors, le malheureux est tenaillé par la faim. Il voudrait bien manger les morceaux qui doivent traîner dans la salle. Mais il est dehors, loin de l'assemblée des riches, seul. Il n'a pour compagnie que des chiens – considérés à l'époque comme animaux impurs – qui lui lèchent ses plaies.

Deuxième tableau : le pauvre est mort. Les anges l'emportent en grande pompe et le font asseoir tout contre Abraham qui préside ce fameux banquet de Dieu que l'on attendait aux jours où viendrait le Messie... Le riche meurt. Il tombe dans un lieu de torture : pas d'anges pour accompagner le voyage.

De loin, il voit Abraham et Lazare auprès de lui. Il crie : « Abraham, mon père, envoie Lazare – tiens, il connaissait le mendiant de la porte et son nom – tremper le bout de son doigt dans l'eau pour me rafraîchir la langue ». Abraham lui répond : « Mon enfant, souviens-toi, tu as reçu le bonheur pendant ta vie et Lazare le malheur. Maintenant lui est consolé et toi tu souffres. Et entre toi et moi, quel abîme ! »

Alors le riche demande à Abraham d'envoyer Lazare prévenir ses cinq frères qui continuent à mener sur terre la grande vie. Mais Abraham ne bronche pas : « Ils ont Moïse et les prophètes, même s'ils recevaient la visite d'un mort ressuscité, ils ne seront pas convaincus ! »

Jésus oppose les deux tableaux jusque dans le détail. Le riche était dans sa belle demeure, et Lazare dehors, sans aucune communication : maintenant c'est le contraire. Le riche faisait bonne chère et Lazare rêvait à ce qui tombait de la table ; maintenant c'est Lazare qui est au banquet et le riche voudrait sucer son doigt mouillé. Le riche était en grande forme et Lazare était rongé d'ulcères ; maintenant c'est Lazare qui est rayonnant près d'Abraham et le riche qui endure.

Reste à remarquer une différence éblouissante : le riche n'a pas de nom, il est « le riche ». Seul Lazare est nommé. Son nom signifie : « Dieu a secouru ». Dès le début de l'histoire on devine que Dieu sera avec le pauvre.

Jésus n'invente pas l'opposition entre le monde terrestre et le monde à venir : on la trouve déjà dans la littérature égyptienne et dans les écrits juifs. Il exploite ce thème génialement : non pour donner des renseignements sur l'au-delà mais pour dénoncer l'indifférence du riche et attirer l'attention sur la misère du pauvre. Il renvoie aux coups de boutoir donnés par Moïse et les prophètes contre les abus des possédants et la domination de l'argent : il faut écouter ces éducateurs du peuple et changer de vie. Jésus lui-même ne s'est-il pas écrié un jour : « Malheureux, vous, les riches, car vous tenez votre récompense ? »

L'évangile de Luc est celui qui rapporte le plus de paroles de Jésus sur les pauvres et les riches. Mais il précise aussi qu'il y a dans son entourage plusieurs femmes qui « aident de leurs biens » la petite troupe. Parmi elles, une certaine « Jeanne », l'épouse de Chouza, le ministre des finances du roi Hérode ! On devait jaser dans les couloirs du palais royal... A quoi pense cette grande dame pendant que Jésus campe « le riche » et « Lazare » devant les badauds ? Elle a dû « aider » beaucoup de pauvres comme Lazare, et elle continue en faisant les sandwichs pour le prophète de Nazareth et les va-nu pieds qui le suivent. Y a-t-il alors un bon usage de l'argent ?

Il est assis face à l'énorme tronc où les gens laissent tomber leurs offrandes pour le Trésor du Temple. Il ne donne rien. Il observe, l'œil amusé. Certains passants sont gênés devant cet homme, planté là, qui a l'air de mesurer leur générosité. Ils passent vite. On entend les pièces de bronze qui tombent dans le tronc. Jésus voit aussi passer des personnages opulents, drapés dans leurs barbes et leurs longues robes. Eux ne sont pas gênés par son regard. Au contraire, ils se redressent, se fouillent un instant et glissent dans la fente de lourdes pièces en argent. Quand elles tombent sur le tas de monnaie dans le tronc, ce n'est pas le même son. Les riches s'éloignent, le menton haut... Jésus les regarde partir, avec leurs savates brodées.

Pour le moment, il n'y a plus personne. Mais voici qu'arrive une pauvre femme, maigrichonne, toute ridée, pieds nus. Elle n'a pas vu Jésus. Ses lèvres tremblent : peut-être qu'elle prie. Sa main droite est fermée. Elle s'approche du tronc et ouvre sa main. L'offrande ne fait pas grand bruit. Jésus a vu : deux « leptes », les plus petites pièces qui existaient en Palestine à l'époque. Trois fois rien !

Les compagnons, autour de Jésus, hochaient la tête, d'admiration, quand les beaux messieurs cossus, ostensiblement, laissaient choir dans le tronc des poignées de pièces d'argent qui tintaient. Ont-ils seulement vu la petite vieille qui est déjà partie faire ses dévotions ? Ils n'y ont guère prêté attention.

Voilà que Jésus élève la voix. Quelques passants s'arrêtent. Il parle fort ! « Vous avez vu cette pauvre veuve ? » Lui a compris qu'elle était veuve, sans aucun appui. « Vous l'avez vu ? » Tous les yeux se braquent sur lui. Maintenant il sort le grand jeu : « En vérité, je vous le dis, elle en a jeté plus que tous les autres ». Plus que tous ? Deux piécettes, alors que les autres avaient donné des « drachmes », des « didrachmes », des « sicles » qui valaient 100, 200, 300 « leptes ». De qui se moque-t-il ? Il laisse tomber le silence, et soudain sa parole s'envole : « Tous les autres, ils ont jeté dans le tronc de leur superflu tandis qu'elle, elle a pris sur son indigence et elle a donné tout ce qui lui restait pour vivre. »

Les auditeurs pesaient mentalement et comparaient les sommes offertes.

Jésus, lui, semble compter à l'envers. Comme il aime surprendre, bousculer les évaluations courantes, rire et faire rire des apparences prétentieuses !

Cette fois, Jésus se moque d'un riche qui avait tout prévu. Il raconte...

C'est une année exceptionnelle pour ce gros propriétaire. Une magnifique récolte de blé, à ne pas savoir où mettre tout le grain. L'homme fait un projet ambitieux : « Je vais démolir mes greniers, j'en ferai bâtir de plus vastes, j'y mettrai tout le blé et toutes mes réserves ».

Il se voit déjà, assis au soleil, à contempler les greniers pleins. L'avenir est assuré, on va pouvoir se reposer et profiter de la vie. Il savoure à l'avance le bon temps qu'il va passer. Il se dit en lui-même : « Te voilà avec tout ce qu'il faut et encore plus, pour de longues années, repose-toi, mange, bois, fais bombance ! »

Le cercle autour de Jésus est intensément attentif. Comment va se terminer cette histoire ? Jésus s'arrête un bref instant. Tout d'un coup, il fait rentrer en scène Dieu lui-même ! Dieu en personne s'adresse au riche qui a tout prévu pour une retraite heureuse : « Pauvre fou, tu vas mourir cette nuit... Tout ce que tu as préparé, qui l'aura ? »

Dernière phrase de Jésus : « Voilà ce qui arrive à celui qui amasse un trésor pour lui-même au lieu de s'enrichir en Dieu ! »

S'enrichir « en Dieu » ? L'expression est difficile à traduire, mais son étrangeté donne à réfléchir. Ailleurs Jésus avait lancé follement : « Vendez ce que vous possédez, donnez-le en aumône. Faites vous un trésor (!) dans les cieux ! » Drôle de spéculation sur le long terme !

Un autre jour, un homme arrive en courant, se jette à genoux aux pieds de Jésus et lui demande : « Que dois-je faire pour recevoir la vie éternelle en partage ? » En voilà au moins un qui veut faire des placements sur l'éternité ! Jésus lui rappelle les commandements. L'homme a toujours eu une vie parfaite. Jésus admire : il est prêt à l'embarquer dans son équipe. Il le regarde et lui dit : « Une seule chose te manque encore : vends tout ce que tu as, donne-le aux pauvres et tu auras un trésor dans les cieux » ! Encore ce fameux trésor lointain !

L'homme qui était très riche fait grise mine et s'en va. Ce placement dans l'éternité ne l'a pas ébloui. Jésus le regarde s'éloigner et prononce une sentence qui laisse tout le monde dans la stupeur : « Il est plus facile à un chameau (c'était l'animal le plus gros connu dans la Palestine de l'époque) de passer par le trou d'une aiguille qu'à un riche d'entrer dans le Royaume de Dieu ! »

Certains rient de bon cœur, d'autres rient jaune. On croyait communément que la richesse accompagnait une vie droite et qu'elle était le signe de la bénédiction divine. Décidément ce charpentier de Nazareth jette partout le trouble !

Donner, c'est facile à dire, mais il faut bien manger et s'habiller ! Les regards posés sur Jésus sont devenus froids et distants. Et lui de reprendre, avec un humour... poétique : « Regardez les oiseaux du ciel, ils ne sèment ni ne moissonnent, ils n'ont pas de greniers, et votre Père céleste les nourrit ! Ne valez-vous pas plus qu'eux ? »

C'était pour la table. Voici maintenant pour l'habillement, avec un humour croissant qui finit par captiver les auditeurs : « Pourquoi vous inquiéter du vêtement ? Voyez les lis des champs, ils ne se fatiguent pas à filer ou tisser, et, je vous le dis, Salomon lui-même, dans toute sa gloire, n'a jamais été vêtu comme l'un d'eux ». Salomon, le roi le plus somptueux du passé d'Israël ! Jésus poursuit : « Si

Dieu habille ainsi l'herbe des champs, ne fera-t-il pas bien plus pour vous, gens de peu de foi ? » Alors pas d'inquiétude pour le manger et le boire ou pour la tenue vestimentaire comme les païens qui ne pensent qu'à ça ! Jésus précise la priorité des priorités : « Cherchez le Royaume et la justice de Dieu, le reste vous sera donné par surcroît ! »

Oiseaux, lis des champs, que d'évocations souriantes pour désentraver les hommes obsédés par les besoins élémentaires et les entraîner vers l'essentiel !

Nous voilà partis dans une autre histoire de riche, tout à fait déroutante...

L'homme est un gros commerçant qui vend de l'huile, du blé. Les affaires marchent bien, il a pris un gérant. Un soir, on vient lui dire que cet homme met la main dans la caisse. Il le fait appeler : « Les comptes, porte-moi les comptes tout de suite, tu ne t'occuperas plus de mes affaires ».

Le gérant est atterré. « Qu'est-ce que je vais devenir ? Bêcher ? Je n'en ai pas la force. Mendier ? J'aurais honte ». Ceux qui écoutent Jésus s'amusent de l'embarras de l'homme qui ne veut ni bêcher ni mendier.

Où va-t-on en arriver ? Soudain, le gérant a une idée. « Je sais ce que je vais faire pour que des gens m'accueillent quand je n'aurai plus de travail ». Il fait venir les clients qui avaient des dettes. Le premier arrive : « Combien dois-tu à mon maître ? – Cent jarres d'huile. – Tiens, voici ta créance, assieds-toi et écris : cinquante ». Sitôt dit, sitôt fait. Puis un autre : « Toi, combien dois-tu ? – Cent sacs de blé – Voici ta créance. Ecris quatre-vingts ».

Le dénouement de l'histoire laisse les auditeurs pantois : « Le maître fit l'éloge du gérant trompeur, parce qu'il avait agi avec habileté ».

Ça alors ! Donner en exemple un malhonnête ? Jésus a l'air de se moquer du monde. Il ajoute que « les fils de ce monde » sont plus débrouillards que « les fils de lumière ». Et ce dernier mot qui semble tout mélanger : « Faites-vous des amis avec l'argent, ce trompeur ; lorsque vous n'en aurez plus, ils vous recevront dans les tentes éternelles ». Les « tentes éternelles ? » Chez Dieu alors ? Quelle voltige depuis le gérant chapardeur mis à la porte, qui trafique en vitesse les reçus, jusqu'à l'envolée vers les tentes célestes !

Personne ne sourit plus. Les gens sont abasourdis. Que de secousses ! Un gars véreux est présenté comme un modèle à cause de son astuce inventive : comme il s'agit d'argent, Jésus fait une pirouette pour inviter à ne pas se laisser fasciner par les pièces de métal précieux et même à le distribuer en spéculant sur l'éternité ! Quelle désinvolture !

Les auditeurs sont là, muets. Faut-il être plus clair ? Jésus reprend : « Un domestique – nous voilà revenus chez un patron ! – ne peut pas servir deux maîtres. Il aimera l'un et détestera l'autre, ou le contraire ». Et la sentence tombe : « Vous ne pouvez pas servir Dieu et l'argent ». Sous-entendu : l'argent est une idole trompeuse dont les hommes sont les esclaves.

Certains Pharisiens – pas tous – qui aiment les sous ricanent doucement. Jésus les interpelle : « Vous, vous vous donnez des airs d'hommes justes devant les gens, mais Dieu vous connaît : ce qui en met plein la vue aux gens lui fait horreur ! »

La dérive est contrôlée : du gérant « trompeur », on est passé à l'argent « trompeur », et maintenant à des Pharisiens « trompeurs ». Même les rieurs habituels sont un peu étourdis !

On croirait qu'il s'amuse. Ceux qui cherchent à le prendre en faute sont là qui l'épient. Lui sourit en regardant les enfants sur la place.

Quelques-uns veulent monter un bal, ils se mettent à jouer de la flûte mais les autres ne veulent pas danser. Ils boudent, l'air renfrogné... Les organisateurs s'adaptent : puisque les camarades font triste mine, on va jouer à l'enterrement. Ils commencent à se lamenter selon l'usage d'alors, mais les autres restent de marbre, sans verser une larme. Ils boudent toujours.

Jésus observe la scène. Soudain, il se retourne vers ces hommes au silence pesant et aux yeux durs qu'il voit souvent s'approcher de lui. Il leur dit : « Regardez ! Vous êtes comme ces gamins ! Vous renâclez pour tout ! Vous avez été voir Jean Baptiste qui ne mangeait pas de pain et ne buvait pas de vin, et vous avez marmonné : « Il a un démon ! » Et quand vous me voyez, moi, manger et boire, vous murmurez : « C'est un glouton, un ivrogne, un ami de la pègre ! » Vous êtes toujours à bouder, vous refusez tout, vous êtes enfermés dans vos étroitesses ! Vous êtes comme ces enfants qui ne veulent jouer à rien ! ».

C'est vrai que ces hommes pesants avaient suivi la foule qui allait se faire baptiser par Jean, mais ils restaient à distance. Tout à l'heure, déjà, Jésus leur a posé des questions comiques : « Qu'est-ce que vous alliez faire au désert ? Vous alliez voir un roseau qui tremble dans le vent ? Non ? Vous cherchiez peut-être un grand personnage vêtu d'habits somptueux ? » Beaucoup de ceux qui ont rencontré Jean rient doucement : ils le voient encore avec sa peau de chameau que retenait tant bien que mal une lanière de cuir ! Jésus continue, presque railleur : « Pour voir des hommes en vêtements d'apparat, allez donc dans les palais des rois ! » L'auditoire suit avec passion les traits ironiques que leur décoche Jésus. Il se moque d'eux. Jusqu'où ira-t-il ?

Soudain, il renverse tout... Il avait fait allusion aux rois, aux Grands de ce monde, et il laisse tomber solennellement à propos de Jean : « Le plus grand, le Grand, c'était lui... Parmi tous les enfants des hommes, il n'y en a pas eu de plus grand ! » Comme on est loin des palais et des hiérarchies ! Le plus grand ? Cet homme, désertique jusqu'en son corps décharné, dévoré par l'annonce du monde qui allait naître, où Dieu serait le roi !

Les enfants ont rejoint le groupe autour de Jésus. Lui achève de dérouter les grincheux en un dernier mot abrupt : « Le plus petit dans le royaume de Dieu est plus grand que Jean ! Plus grand que le plus grand ».

Le père s'appelait Zébédée. On ne sait pas grand-chose de lui. Il pêchait sur le lac de Tibériade, il avait quelques employés. Les deux fils, Jacques et Jean, travaillaient dans l'entreprise. Jusqu'au jour où Jésus passa... Ils le suivirent.

On ne sait pas le nom de la mère. Mais elle a de l'ambition pour ses garçons. Elle voit l'enthousiasme des foules autour de Jésus. Certains disent à voix basse – et même à voix haute – qu'on va le faire roi. Alors un jour, elle vient vers Jésus avec les deux gars et s'agenouille devant lui dans une supplication muette. Jésus a tout de suite compris qu'elle veut lui demander quelque chose : « Que veux-tu ? »

Elle n'y va pas par trente-six chemins et répond tout sec : « Ordonne que dans ton royaume mes deux fils, que voici, siègent l'un à ta droite, et l'autre à ta gauche ». Quelque chose comme Premier Ministre et Ministre de l'Intérieur.

Jésus pourrait lui répondre qu'il ne rêve pas de trône et de couronne... Non ! Il a l'air de trouver la requête normale. Il entre dans le jeu. Il affirme d'emblée : « Vous ne savez pas ce que vous demandez ». Et il ajoute, comme dans un entretien d'embauche : « Pouvez-vous boire la coupe que je vais boire ? » Les deux candidats aux premiers postes n'ont pas encore compris. Ils répondent avec assurance : « Nous le pouvons ». Ils se voient au Conseil des Ministres. Quel décalage entre les paroles de Jésus et la manière dont ils les comprennent : il y aurait de quoi rire du quiproquo finement entretenu par Jésus si on oubliait qu'il fait allusion à l'avenir menaçant ?

Et soudain la parole qu'il aurait pu prononcer dès que la mère a présenté sa demande : « Ma coupe, vous la boirez ; quant à siéger à ma droite ou à ma gauche, ce n'est pas moi qui l'accorde, ce sera donné à ceux pour qui le Père l'a préparé ».

Le dialogue a été bref, subtil, entre humour et ironie. Jésus aime jouer ainsi à cache-cache avec les divers sens des mots pour dérouter, faire réfléchir, bousculer les idées reçues et les attentes médiocres. Elever le débat avec l'amorce d'un sourire.

Mais ce n'est pas fini. Les autres compagnons de Jésus ont entendu la conversation. Ils sont furieux. Jésus les appelle. Il va mettre les choses au point. L'épisode des fils de Zébédée lui fournit l'occasion de porter un regard aigu sur les hommes au pouvoir : « Vous savez que ceux qui passent (!) pour être chefs des nations en sont les maîtres et qu'ils se font appeler Bienfaiteurs. »

Attention à la suite : « Pas ça, parmi vous ! Le plus grand sera votre serviteur, qu'il devienne parmi vous comme le plus jeune... Que celui qui voudra être le premier soit le dernier, le serviteur, l'esclave de tous ! » Une fois encore, il renverse tout. Et il termine par une question souriante, puisée dans l'expérience la plus ordinaire : « Qui est le plus grand, celui qui est à table ou celui qui sert ? » Silence... La finale tombe, décisive : « Moi, je suis au milieu de vous comme celui qui sert ».

Quelle ironie devant l'orgueil des puissants et quelle critique des hommes au pouvoir !

Lui-même, en voyant ses ennemis lui tendre des pièges, regarde de plus en plus vers ce « Serviteur souffrant » qu'un prophète avait présenté, dans ses poèmes, comme l'envoyé de Dieu, le porteur douloureux de l'avenir...

On retrouvera la dame de Zébédée dans le petit groupe de femmes courageuses qui se tiendront devant la croix où Jésus agonisera... Aura-t-elle enfin compris ?

L'une n'est pas encore femme et l'autre ne l'est plus. Pour l'une et l'autre, douze ans se sont écoulés.

La petite est à l'âge où tout l'être se transforme, où l'enfant mue, où la jeune fille s'éveille. Mais aujourd'hui, l'adolescente, fille du nommé Jaïre, chef de la synagogue, est « à toute extrémité ». Elle va mourir.

Quant à l'autre femme, qui a des pertes de sang, elle vit sa féminité comme une honte, dans la débâcle de son corps. La Loi la considère comme impure et interdite à tout rapport sexuel. Douze ans de tristesse et de distance...

Jésus se met en marche. Avec lui, autour de lui, la foule marche aussi. Tout le monde bouge. Quelque chose va arriver. La femme impure est dans la foule. Le remous humain la met à proximité de Jésus. Elle, l'intouchable, qui n'éveille plus le désir, elle a envie de toucher cet homme qui guérit, qui libère, qui n'a pas peur et qui change la vie. Elle voudrait le « toucher ». Osera-t-elle ?

Oh ! modestement, avec la pauvre retenue de celle qui a oublié depuis longtemps la caresse et sa lumière : « Si je parviens seulement à toucher son vêtement, je serai sauvée ». Seulement son vêtement... Mais l'humble contact d'un instant irradie soudain tout son être : « Elle ressentit dans son corps qu'elle était guérie. » Jésus, lui, demande qui l'a touché, alors que la foule l'écrase. Il a senti « qu'une force est sortie de lui ». La femme se jette à ses pieds en tremblant. Elle l'entend prononcer sur elle : « Ta foi t'a sauvée, va en paix. »

On vient annoncer la mauvaise nouvelle : la petite est morte. Jésus dit à Jaïre : « N'aie pas peur, crois seulement ! ».

Là-bas, c'est déjà le cérémonial bruyant du deuil. Jésus entre dans la maison : « L'enfant n'est pas morte, elle dort. » Il met dehors tout ce voisinage qui se lamente. Il entre dans la chambre avec les parents et trois de ses disciples. Il s'approche du lit : « Fillette, lève-toi ». La petite se lève, elle marche. Elle vient de traverser une mort, une femme va naître en elle.

Pourquoi ces deux histoires sont-elles tressées dans les évangiles ? Peut-être pour signifier que Jésus a donné, ou rendu, leur féminité à deux êtres en détresse. Et qu'il inaugure une attitude neuve envers les femmes, si souvent méprisées ou infériorisées...

Les deux « miracles » sont imbriqués. Marc, dans son évangile, aime raconter ainsi des épisodes en sandwich. Est-ce un procédé littéraire qui réunit deux événements distincts ? Les spécialistes en discutent.

La guérison de la femme qui souffrait d'hémorragie chronique a quelque chose de magique : on croyait communément qu'en touchant un saint homme, on recevait de lui un influx vivifiant... mais elle, impure, transmettait son impureté à tout ce qu'elle touchait, personnes et objets ! Quand Jésus sursaute au toucher de la femme comme si une décharge électrique venait de le traverser et qu'il demande : « Qui m'a touché ? », ses compagnons lui rétorquent, presque impolis : « On te presse de tous côtés et tu demandes : Qui m'a touché ? »

Jésus souligne la « foi » de la femme : « Ta foi t'a sauvé ! » Pas question d'en rester aux croyances et aux pratiques magiques si vivaces dans la mentalité de l'époque ! Le seul miracle « gynécologique » rapporté par les évangiles est attribué à la « foi », et à la foi d'une

« femme » ! C'est elle qui s'est guérie elle-même, sans que Jésus ait fait un geste. Quelle promotion de la femme !

Même appel à la seule « foi » quand on vient dire au père de la fillette qu'elle est morte et que ce n'est pas la peine de déranger le Maître : « Crois seulement ! ». A la maison, quand il dit que la petite n'est pas morte, mais qu'elle dort, les gens se moquent de lui.

Tous ont en mémoire les récits qui racontent comment les prophètes Elie et Elisée avaient rappelé à la vie – très laborieusement ! – des enfants morts. Jésus, lui, se contente de prendre la main de la fillette et de murmurer : « Petite, lève-toi ! ». C'est tout.

Suit une phrase brève, d'une merveilleuse humanité : « Il dit de lui donner à manger. »

Jésus n'avait été ni à Athènes, ni à Rome, ni à Alexandrie, pas même à Damas. Avait-il rêvé devant la mer ouverte ? Les évangiles n'en disent rien.

Dans ce carrefour des nations qu'était la Galilée, il avait vu passer les soldats romains, les marchands grecs, les mendiants apatrides. A Jérusalem, lors des fêtes, il rencontrait les Juifs de la « Diaspora », ceux qui vivaient loin de la Palestine. Lui-même ne s'était guère aventuré en dehors d'Israël.

Depuis qu'il avait posé ses outils et quitté Nazareth, il n'avait plus de domicile fixe. Il habitait un Royaume qu'il annonçait et montrait, « là, tout proche, parmi vous ». Comme s'il dressait une tente intérieure dans cette proximité mouvante.

Ici et là, chez les amis, il faisait halte. Dans beaucoup de bourgs et de villages, il eut bientôt des maisons, des frères, des sœurs, le centuple qu'il promettait à ceux qui quittaient tout. Il habitait n'importe où, il habitait partout. Et il n'habitait nulle part. N'avait-il pas dit de lui-même : « Je suis le chemin » ? Où habite un chemin ? L'horizon toujours appelle et échappe. Il murmure sans mot : ailleurs, plus loin...

Jésus était à l'étroit dans les lourdes demeures des idées reçues, des stratifications sociales, des conformismes moraux et religieux. Bien au-delà des apparences et des comportements extérieurs, il regardait – vertige – vers le cœur des personnes et des groupes humains. Il habitait au tréfonds de l'homme, en ce lieu inaccessible où l'Esprit gémit et appelle à renaître. Il habitait l'ambition la plus démesurée, à jamais dressée au milieu des remous des collectivités : il rêvait d'un monde où l'on aimerait même ses ennemis, il proposait à tous de devenir – pour de vrai ! – enfants de Dieu et frères les uns des autres.

Lui-même, le charpentier, bâtissait cette demeure fraternelle : il touchait les lépreux, il s'émerveillait de la « foi » des malades et des infirmes, il mangeait à la table des pécheurs, il entrait chez le Pharisien et le publicain, il s'asseyait sur la margelle du puits et demandait à boire à la Samaritaine.

Il était venu apporter le feu. Partout où il passait, les vieilles constructions s'embrasaient : les traditions, les commandements, les institutions, rien ne demeurait intact devant l'incendiaire. Du Temple même, la maison de Dieu, il évoquait la destruction et proposait une étrange reconstruction. La Loi, il en héritait, mais c'était pour l'accomplir. Toujours au-delà...

Il ne laissait qu'un commandement neuf, impraticable : aimer au point de renoncer à soi-même pour donner à autrui sans retour. Et sur tout visage de pauvre, il révélait sa présence. Au-delà de l'ultime offrande sur le bois sanglant, il voulait ne faire qu'un, pour la suite des temps, avec l'affamé, le malade, l'étranger, le prisonnier. Il habitait à jamais, invisiblement, sur toute la terre, les détresses et les attentes. Et il enverrait l'Esprit pour disperser les flammes.

Jésus n'avait vu ni le Parthénon, ni le Capitole, ni le Phare d'Alexandrie. Il n'avait lu ni Platon, ni Aristote, ni Cicéron, ni Philon. C'est vers l'intérieur de l'homme qu'il avançait, lucide et créateur. Après quelques décennies, quelques siècles, on prononça son nom de l'Indus aux Colonnes d'Hercule, des forêts de Germanie aux déserts d'Afrique, et la philosophie, la rhétorique, la sagesse se transformèrent pour lui offrir l'hospitalité, comme si elles avaient été édifiées pour l'accueillir un jour. Plus tard, sur les nefs des grandes découvertes, son nom partit vers des continents inconnus.

Hélas, qu'est-il devenu dans l'histoire ambiguë des églises et des empires qui se réclamaient de lui en cherchant le pouvoir et la richesse ? Ne l'a-t-on pas trahi souvent en le célébrant dans les ors et l'encens sans le laisser transformer la vie ?

Les quatre petits livres et l'existence des humbles continuent de transmettre et de rayonner la nouveauté perpétuelle de celui qui n'avait pas où reposer sa tête. Ferment d'humanité... Aujourd'hui encore, il échappe à tous les enfermements. Il réside aux frontières, vers tous les dépassements. Il risque sa demeure sur les visages et dans les mains de celles et de ceux qui l'ont entendu frapper à leur porte, discrètement, de nuit.

Ils sont là, quelques scribes, quelques Pharisiens, des gardiens de l'ordre, qui se considèrent comme les garants de la morale et de la religion. Ils murmurent entre eux : « Il va avec les pécheurs, il mange même avec eux ! » Pour ces défenseurs de la Loi, les pécheurs de tout acabit ont attiré les malheurs sur la nation : c'est à cause d'eux que Dieu, croient-ils, s'est détourné de son peuple.

Avec les pécheurs, il y a ces compatriotes qui prélèvent les impôts pour le compte des Romains. On méprise ces vendus aux occupants qui pressurent la population et s'octroient généreusement leur propre rémunération : des collabos, des voleurs.

Tous ces personnages douteux s'approchent de Jésus, l'écoutent, se sentent accueillis et respectés. Lui leur fait bonne mine et se laisse inviter à table avec eux. Il pourrait dénoncer leurs agissements, les menacer, leur crier de changer de vie.... Non ! Il les regarde paisiblement et semble heureux en leur compagnie.

Le petit groupe qui surveille est toujours là qui marmonne à quelque distance. Jésus va-t-il discuter, justifier sa conduite ? Non. Il élève la voix et il se met à raconter une histoire sans aucun rapport, semble-t-il, avec ce qui se passe autour de lui.

« Un homme avait deux fils ». Le plus jeune veut que le père fasse le partage – n'est-ce pas invraisemblable ? – et file manger sa part du magot en menant la grande vie. Mais il finit par se retrouver sans un sou et il cherche du travail : un propriétaire l'envoie garder des cochons (garder des cochons, quelle honte pour un Juif !). Il a le ventre creux, il regarde avec envie les cochons qui sont en train de se goinfrer de caroubes.

Il pense à la maison, aux ouvriers de son père qui mangent du bon pain et qui en ont de reste. La décision mûrit : « Je vais aller chez mon père et je lui dirai : Père, j'ai péché envers le ciel et contre toi, je ne mérite plus d'être appelé ton fils, traite moi comme un de tes ouvriers. » Il part. Sur le chemin, il n'arrête pas de se répéter la phrase qu'il dira lorsqu'il sera devant le père.

Bien sûr, il n'est pas question de revivre à la maison. Il faudra se faire tout petit parmi les domestiques. Et que dira-t-on dans le village où tous l'ont jugé si sévèrement ?

Le père regardait tous les jours vers l'horizon où il avait vu disparaître son garçon.

Jésus s'arrête, dévisage ses adversaires, et sourit quelques instants en silence. Qu'est-ce que c'est que cette histoire d'héritage dilapidé, de gardien de cochons, d'homme au ventre creux qui revient au pays ?

Jésus reprend. « Oui, le père allait chaque jour sur le chemin, comme s'il pouvait faire revenir le fils perdu, et ce soir, il l'aperçoit, là-bas, au loin ! Ses jambes lui échappent, il court, il court... Le petit est là, maigre, sale, pieds nus, les yeux brillants de fièvre. Le père se jette à son cou, le couvre de baisers. Le fils commence la phrase répétée : « J'ai péché envers... » mais le père ne l'entend pas. Il appelle les serviteurs : « Vite, vite, apportez la plus belle robe, habillez-le, mettez-lui un anneau au doigt, des sandales aux pieds ! »

Le père n'a même pas pardonné, il ne lui a pas laissé dire son repentir. Pas un mot : la folle tendresse, des baisers... Et celui qui voulait être embauché comme ouvrier se voit reconnu comme fils. Pire, il est traité comme un grand personnage : belle robe, anneau, sandales. Les serviteurs comprennent tout de suite qu'il retrouve sa place, au-dessus d'eux, avec le maître de maison.

Jésus se tait quelques instants. Il se penche. On dirait qu'il regarde à l'intérieur de lui-même. Puis il lève les yeux vers le ciel, comme s'il allait recevoir la suite d'en haut. Il reprend : « Ce n'est pas tout ! Le père dit aux serviteurs : « Amenez le veau gras – on gardait cet animal plantureux pour quelque grande circonstance –, tuez-le, mangeons et festoyons, car mon fils que voici était mort, et il est revenu à la vie, il était perdu et il est retrouvé ! » Les domestiques, les amis, les voisins, les habitants du bourg, tout le monde est invité : le jeune qui avait coupé les ponts avec tous va reprendre place joyeuse dans la famille et le village. Aucune procédure de réintégration : la fête !

Stop ! Jésus se recueille. Les visages de ses adversaires se sont durcis. Qu'est-ce que c'est que cette histoire invraisemblable de fiesta pour ce gars qui a cassé sa famille, qui a croqué le bas de laine des anciens, qui a donné aux jeunes de la région un exemple dangereux ?

Jésus continue : « Le frère aîné était aux champs ». L'homme était sérieux, lui. Il fallait travailler dur pour rétablir la prospérité du domaine après ce partage catastrophique. En revenant vers la maison, à la nuit tombante, il entend de la musique : pas possible, on danse à la maison !

Il s'approche et fait signe à un serviteur. « Qu'est-ce qui se passe ? – C'est ton frère, ton frère est arrivé, ton père a fait tuer le veau gras, ils sont en train de manger ! »

Enorme ! Le père l'avait oublié, lui, l'aîné, le pilier de la maison. Il y avait bien de quoi se mettre en colère... Il ne veut pas rentrer. Le père sort et le supplie de venir avec tous. Mais la réplique est sèche : « Je suis à ton service depuis toujours, je t'ai toujours obéi au doigt et à l'œil, tu ne m'as jamais donné ne serait-ce qu'un chevreau pour faire la fête avec mes amis... Et quand ton fils arrive, après avoir mangé ton argent avec des filles, tu fais tuer le veau gras, pour lui ! » Il n'a pas dit « Père ». Il a prononcé : « TON fils ». Le père va corriger : « TON frère ». Puis il continue avec un mot affectueux : « Toi, mon enfant, tu es toujours avec moi, tout ce qui est à moi est à toi. Il fallait bien se réjouir parce que ton frère que voici – il lui montre le frère qu'on aperçoit dans la salle – était mort, et il est vivant, il était perdu et il est retrouvé ».

Jésus n'en dira pas plus. L'aîné est-il rentré ? A-t-il embrassé son frère ? S'est-il mêlé à la fête ? Et le lendemain, que s'est-il passé ?

On n'en saura rien. Jésus fixe les scribes et les Pharisiens. C'est à eux de prolonger l'histoire et de répondre à ces questions. Car c'est d'eux qu'il s'agit. Ils sont le fils aîné enfermé dans sa bonne conscience. Le père – Dieu – leur demande d'ouvrir les bras aux pécheurs, car lui est et sera toujours le Père de tous. Et il les invite à entrer dans la fête avec Jésus.

Un autre jour, Jésus parle d'un berger qui abandonne tout son troupeau pour partir à la recherche d'une brebis, d'une seule ! Il la trouve, il la met sur ses épaules, et, de retour à la maison, il appelle voisins et amis : « Venez boire un verre, j'ai retrouvé ma brebis perdue ! » Et Jésus conclut avec un humour solennel : « Je vous le déclare, il y aura de la joie dans le ciel pour un seul pécheur qui se convertit, plus que pour quatre-vingts justes (sous-entendu : qui se croient tels) qui n'ont pas besoin (croient-ils, suivez mon regard) de conversion.

Fête chez le père des deux fils, fête au ciel pour les brebis perdues, Jésus raille les « gens comme il faut », et achève de crisper les gardiens de la Loi.

Ça finira mal !...

Cette fois, il y va fort. Il regarde ces hommes contents d'eux, imbus de leur vertu, qui se croient supérieurs aux autres. « A part » : c'est le sens du mot « Pharisien ». Un sourire éclaire un instant le visage de Jésus : une histoire vient d'éclore en lui. Dès les premiers mots, l'attention est captivée : « Deux hommes montèrent au Temple pour prier ». Au Temple : c'est le cœur religieux, moral, politique, d'Israël. Un ensemble monumental. Dieu y habite, croit-on, dans le Saint des Saints. Les rois y ont réalisé l'unité de la nation.

Il semble les voir « monter » au Temple. L'un est Pharisien : Jésus n'hésite pas à désigner nommément le groupe qui le harcèle souvent. L'autre est un publicain, un de ces personnages méprisés qui perçoivent les impôts pour le compte des Romains. D'un côté, un « pur » qui avance, la tête haute ; de l'autre, un vendu aux occupants, au regard fuyant. Deux types d'hommes : l'un incarne la Loi et la résistance spirituelle aux étrangers, l'autre a la conscience élastique et fricote avec les représentants de Rome.

Le Pharisien se tient debout. Il a fière allure, il prie en lui-même. « Mon Dieu, je te rends grâce de ce que je ne suis pas comme les autres hommes, qui sont voleurs, méchants, adultères, ou encore comme ce collecteur des impôts qui est là-bas, derrière... Je jeûne deux fois par semaine, je donne le dixième de ce que je gagne ». Tout ça est vrai. Beaucoup de Pharisiens sont des hommes d'une grande rigueur morale, un exemple pour leurs compatriotes. Le risque, c'est leur suffisance : certains considèrent que Dieu lui-même peut être content d'eux !

L'histoire continue. « Le collecteur des impôts s'est arrêté à distance. Il garde les yeux baissés. Il se tambourine la poitrine : « Mon Dieu, prends pitié de moi, je suis un pécheur ». Il pourrait, il devrait, s'adresser à un prêtre, offrir un sacrifice pour expier ses fautes, selon la pratique du Temple, et s'engager à changer de vie. Non ! rien de tout cela !

Et alors, la suite de l'histoire ? Elle va être abrupte et déconcertante. Jésus se tait un instant, fixe les regards dardés sur lui et prononce d'une voix forte : « Je vous le déclare : le publicain redescendit chez lui justifié, mais pas l'autre ». Et de laisser tomber une sentence : « Celui qui s'élève sera abaissé, celui qui s'abaisse sera élevé ! » Quelle gifle pour les Pharisiens !

« Justifié » ? C'est donc Dieu qui a ouvert les bras à ce pauvre hère de publicain et l'inonde de sa bienveillance. On s'attendait à voir le Pharisien félicité et le publicain, sermonné ! Quel renversement !

Dieu est donc du côté des fripouilles, on peut aller à lui en direct, sans passer par les intermédiaires, les prêtres, sans recourir à eux pour des cérémonies de pénitence... Jésus a même le toupet de situer l'histoire dans le Temple où le clergé officie et accomplit des rites de pardon des péchés !

En somme, pour lui, Dieu n'a que faire de toutes ces procédures et semble même faire fi de la moralité. Tout un ordre séculaire est mis par terre. Jésus n'est-il pas en train de saper l'autorité des prêtres, le fonctionnement et le financement du Temple, et même la prospérité économique de la Ville Sainte où affluent les pèlerins, lors des fêtes ?

Lui écoute peut être en son cœur le verset d'un psaume : « Tu ne veux pas de sacrifice d'une bête, le vrai sacrifice, c'est un esprit brisé, tu ne rejettes pas un cœur brisé ».

On prévient les chefs des prêtres et le Grand Prêtre. Comment fermer la bouche à ce Galiléen démolisseur qui se moque d'eux en racontant des histoires subversives ?

Un légiste s'adresse à Jésus. C'est un spécialiste de la Loi, à la fois civile et religieuse. La question qu'il pose était débattue parmi les savants : « Quel est le premier de tous les commandements ? » L'homme est-il sincère ou l'a-t-on envoyé pour tendre quelque nouveau piège ?

Jésus répond en connaisseur de la Loi : « Le premier, c'est : Ecoute, Israël, le Seigneur notre Dieu est l'unique Seigneur ; tu aimeras le Seigneur ton Dieu de tout ton cœur, de toute ta force. Voici le second qui lui est semblable : Tu aimeras ton prochain comme toi-même ». Jésus soude les deux commandements.

Mais le légiste pose une autre question, vertigineuse : « Qui est mon prochain ? » Il voudrait des précisions, savoir qui est le prochain et qui ne l'est pas. Fixer des limites, des catégories.

D'après certains textes de la Loi, il fallait considérer comme « prochains » les compatriotes, les membres du peuple d'Israël. Jésus va-t-il suivre l'Ecriture et poser des barrières à l'amour ?

Cette fois, il ne rappelle pas de textes juridiques. Il invente et raconte une histoire. « Un homme descendait de Jérusalem à Jéricho... » Nous voilà partis, la route est en forte pente, désertique. Des bandits l'attaquent, le rouent de coups, lui volent tout ce qu'il a et le laissent à moitié mort. Arrive un prêtre : il voit l'homme à terre et « passe à bonne distance ». Puis un lévite, membre, lui aussi, du clergé du Temple : il voit l'homme et « passe à bonne distance ». Non assistance à personne en danger ! L'auditeur a de quoi s'insurger : pourquoi Jésus donne-t-il une image si négative des hommes du Temple ?

C'est une caricature ! Il est vrai que les prêtres, pour conserver la pureté requise à l'exercice de leurs fonctions, ne devaient pas toucher de cadavres. Mais des exceptions étaient prévues, par exemple pour les proches parents qui venaient de mourir... Peut-être le voyageur détroussé était-il mort ? Il eut fallu à tout le moins s'en assurer. Et pourquoi le conteur se plaît-il à répéter « à bonne distance » ?

Il va y avoir bien pire : « Un Samaritain en voyage arrive près de l'homme ». Lui ne reste pas « à distance ». Attention ! Depuis huit siècles, les habitants de la Samarie, au Nord de Jérusalem, sont méprisés par les Juifs. Lors de l'invasion assyrienne, en 722 avant l'ère chrétienne, ils ont fricoté avec l'ennemi : des femmes ont épousé des étrangers ! Race impure, ces bâtards de Samaritains ! Ils avaient même construit sur le mont Garizim un temple rival de celui de Jérusalem ! Et une bande de ces impies, en l'an 6 avant J.-C., étaient venus pendant la Pâque, à minuit, jeter des ossements humains dans le Lieu Saint pour le souiller. Le seul mot « Samaritain » est une injure sur la bouche d'un Juif.

Jésus donne le beau rôle à ce Samaritain. « Il s'approcha, banda ses plaies en y versant de l'huile et du vin, le chargea sur sa propre monture, le conduisit à une auberge et prit soin de lui ». Il laissa même de l'argent et s'engagea à régler toutes les dépenses à son retour.

Les auditeurs de Jésus sont pleins de respect pour les prêtres et les lévites : ce sont les représentants de la religion. On les considère comme des modèles. En s'apitoyant sur le blessé, et en voyant arriver un prêtre, ils s'attendent à ce qu'il soit secouru par lui, un personnage de leur peuple, un ministre du culte. Et Jésus montre l'indifférence des hommes du sacré, plus soucieux de participer à leurs offices que de secourir un blessé. Il donne en exemple un Samaritain : quel déplacement ! Comment ne pas y voir une attaque contre le Temple où le culte est plus important que tout ?

Jésus conclut en posant au questionneur une question ironique : « Lequel des trois s'est montré le prochain de l'homme blessé ? » L'homme de la Loi répond : « Celui qui a fait preuve de bonté envers lui – Va et fais de même. »

Tout est sens dessus dessous. Il ne s'agit plus de savoir qui est le prochain, mais de se faire soi-même le prochain, celui qui s'approche et qui aide. Le prochain, c'est... celui qui aime.

Il n'y a plus de frontière. Même un ennemi – un Samaritain – peut devenir le prochain. L'appel à être le prochain est universel, bien au-delà des espaces sacrés et du peuple élu.

Il y avait bien quelques versets des livres saints ou de leurs commentaires qui invitaient à aimer certains étrangers convertis à la religion juive. Jésus bouscule ces précisions étroites. Les frontières éthniques, nationales, culturelles, viennent de sauter. L'appel à s'approcher de tout homme dans le besoin va être indéfiniment répercuté à travers les siècles et demeurer toujours actuel.

L'histoire racontée par Jésus est l'histoire de l'humanité, aujourd'hui encore. Mais pour les hommes de l'ordre face à Jésus, comment accepter cette histoire qui fait exploser avec une ironie insultante les convictions, les habitudes, l'attachement à la nation, à la morale, à la religion ?

Encore un repas, et pas ordinaire ! Ce n'est arrivé qu'une fois. Jésus est invité chez un Pharisien. L'homme veut sans doute mieux connaître celui qui suscite la méfiance et l'attirance de beaucoup d'autres Pharisiens.

L'accueil n'est pas très chaleureux : pas de baiser de bienvenue, pas de lavement des pieds, pas d'huile parfumée sur la tête de l'invité.

Le repas commence : tous les convives sont étendus sur des divans garnis de coussins, autour de la table. La conversation languit.

Soudain tous les yeux se lèvent : une belle jeune femme, brune comme la nuit, vient d'entrer avec un flacon d'albâtre à la main. Du parfum. Elle s'approche de Jésus. Silence. Maintenant les yeux de tous s'écarquillent : elle est derrière lui, elle éclate en sanglots, ses larmes coulent sur les pieds de Jésus. Lui ne bouge pas.

La voilà maintenant qui, d'un geste rapide, défait son gros chignon. Sa chevelure opulente se répand jusque sur sa poitrine. De ses cheveux, avec une infinie douceur, elle essuie les pieds de Jésus, les couvre de baisers et répand sur eux le parfum.

Le Pharisien, le maître de maison, se dit en lui-même : « Si ce Jésus était un prophète comme certains le disent, il saurait que cette femme qui le touche est une pécheresse ! » Pourquoi était-elle considérée comme une pécheresse ? On ne le sait pas, mais elle était dans cette catégorie, les « pécheurs », que les « gens-comme-il faut » méprisaient et que l'on rendait responsables des malheurs de la nation. Enfin, comment Jésus peut-il accepter le contact de cette femme qui est peut-être dans les jours de ses règles, et de ce fait rituellement impure ?

Tous les invités regardent Jésus. Lui a les yeux fixés, paisiblement, sur le Pharisien qui l'a invité. Il esquisse un sourire et prend la parole : « Simon, j'ai quelque chose à te dire – Parle, Maître ». Et il lui raconte une histoire : « Quelqu'un avait prêté de l'argent à deux hommes : l'un devait cent deniers, l'autre cinquante (le denier était le salaire quotidien d'un ouvrier). Comme ils ne pouvaient pas rembourser, il leur remit leurs dettes. »

Tout le monde écoute. Où veut-il en venir ? Il se tait un bref instant et demande enfin au Pharisien : « Lequel des deux l'aimera le plus ? » Simon lui répond : « Je crois que c'est celui auquel il a remis la dette la plus importante. » – « Tu as bien jugé ! »

Jésus se tourne vers la femme qui est restée là, derrière lui, les mains serrées sur son flacon vide. Il regarde à nouveau Simon : « Tu vois cette femme ? Quand je suis entré chez toi, tu ne m'as pas versé d'eau sur les pieds, mais elle, les a baignés de ses larmes et les a essuyés de ses cheveux ; tu ne m'as pas fait un baiser mais elle, depuis qu'elle est arrivée, n'a pas cessé de me couvrir les pieds de ses baisers ; tu n'as pas versé de l'huile odorante sur ma tête mais elle, elle a répandu du parfum... sur mes pieds ! Si je te déclare que ses nombreux péchés lui sont pardonnés, c'est parce qu'elle a montré beaucoup d'amour. Celui à qui on pardonne peu montre peu d'amour ». Le Pharisien rougit. Jésus se tourne vers la femme : « Tes péchés sont pardonnés ! »

Stupeur et scandale ! Les convives se disent en eux-mêmes : « Qui est cet homme qui va jusqu'à pardonner les péchés ? » Là, entre la poire et le fromage ? Jésus, lui, dit à la femme : « Ta foi t'a sauvée. Va en paix ! » Cette « paix » n'était pas une banale tranquillité d'esprit. Le mot désignait la plénitude de vie annoncée dans les Ecritures saintes d'Israël.

Comment s'est terminé le repas ? Qu'est devenue la femme aux grands cheveux ? On ne le saura pas. Mais Jésus a montré qu'il offre le « salut », la vraie vie libérée et épanouie, particulièrement aux méprisés de la société. Alors que ses adversaires s'enferment dans leur suffisance et dressent des barrières au nom de la religion. Jésus, lui, annonce et rend présent l'amour de Dieu qui invite chaleureusement celles et ceux que l'on regarde de haut. Son Dieu est-il le même que celui de ses adversaires ?

Les pièges se succèdent. Il en a déjoué plusieurs mais celui-ci est parfait.

Les adversaires de Jésus s'approchent et commencent à lui passer la main dans le dos : « Maître nous savons que tu dis la vérité, sans te laisser impressionner par les hommes du pouvoir. Alors faut-il payer l'impôt à César ? Oui ou non ? »

Jésus n'est pas dupe. Ce n'est pas l'impôt qui les préoccupe... Leur hantise, c'est de démolir Jésus. S'il dit « oui », il passera aux yeux des gens pour un « collabo » et la ferveur populaire autour de lui s'évanouira. S'il dit « non », les Romains l'enfermeront et on en sera débarrassé. Jésus a tout compris. Il regarde ces visages mielleux et il leur lance : « Hypocrites ! » Ils attendent. Ils insistent : « Oui ou non ? » Le face à face est lourd.

Soudain une lueur fugitive dans le regard de Jésus : « Montrez-moi un denier ». C'était la monnaie romaine avec laquelle on payait l'impôt. Il ajoute même avec l'amorce d'un sourire : « Que je voie ! » Comme s'il ne l'avait jamais vue !... Ses adversaires ne comprennent pas qu'il va échapper à leur piège et leur en tendre un auquel ils n'échapperont pas. Dès que l'un de ces hommes se fouille pour trouver la pièce, ils sont perdus.

On lui porte la pièce. Il jette un coup d'œil rapide et regarde ses ennemis en silence. Il prend son temps. La monnaie romaine est là sur la main tendue. Jésus ne la touche pas. On dirait qu'il fait durer le plaisir. Enfin il parle : « Quel est le personnage sur la pièce, quelle est l'inscription ? » Ils répondent tous en chœur : « De César ! » L'inscription latine était : « *Divo Caesari*, au Divin César ! »

Eux, Juifs, si jaloux du vrai Dieu, qui fuient les divinités païennes, portent sur eux, touchent de leurs mains, une idole ! Jésus regarde encore la pièce et lève les yeux vers le haut. Soudain la réponse fuse, cinglante : « Rendez à César ce qui est à César et à Dieu ce qui est à Dieu ». C'est la seconde partie qui est importante. Il leur dit en somme : « Vous êtes des vendus à César, vous portez sur vous son image et sa prétention à être un Dieu ! Vous avez trahi Dieu, c'est à lui que vous devez rendre des comptes. »

Le piège préparé par les adversaires s'est volatilisé. C'est Jésus qui les a piégés. Avec une ironie souveraine. Il leur lance l'accusation la plus brûlante en Israël : se détourner de Dieu pour aller vers les idoles !

Ils s'en vont en maugréant. Dans l'attroupement on entend des rires.

Cette fois, le piège est horrible : la vie d'une femme est en jeu.

Tout un groupe d'hommes arrive en vociférant : ils la traînent, la poussent, la malmènent. Ils sont prêts à la tuer. A coups de pierres. Elle n'était pas seule, bien sûr, mais on n'a pas arrêté le monsieur. C'est sur elle, une femme, que s'excitent les ennemis de Jésus.

Ils s'arrêtent devant lui. La femme, dépenaillée, sanglotante, est là, pitoyable, entre leurs mains brutales. Le piège a été bien préparé : il ne pourra pas y échapper. « Maître, cette femme a été prise en train de commettre l'adultère. Dans la Loi, Moïse nous a prescrit de lapider de pareilles femmes. Et toi, qu'en dis-tu ? »

S'il répond qu'il faut observer la Loi, on dira partout qu'il a fait lapider une femme et il ne restera plus rien de cette fameuse miséricorde envers les pécheurs qu'il pratiquait au nom de celui qu'il appelait « Père ». Et s'il refuse de la condamner ou même de répondre, on saura qu'il ne respecte ni la Loi ni Moïse ni Dieu qui a donné la Loi à Moïse.

Le dilemme se referme comme un étau. On se regarde. Le silence pèse. Jésus ne sait que répondre. Il faut d'abord fuir ces regards assassins qui l'assaillent. Il se penche. Du bout du doigt, le voilà qui trace des traits dans la poussière.

Ça dure, le tumulte grandit. Les hommes secouent la pauvre fille qui gémit. Jésus se redresse et les regarde : « Que celui d'entre vous qui est sans péché lui jette la première pierre ». Il s'incline à nouveau et recommence à tracer des traits.

La proposition est d'une folle imprudence. Il suffirait qu'un déséquilibré ou un fanatique ramasse une pierre et la lance vers la tête de la femme pour que tous se précipitent et qu'elle soit bientôt là, par terre, à agoniser sous les coups.

Mais le groupe se défait. Les accusateurs s'en vont l'un après l'autre... L'auteur de l'évangile précise avec un humour délicieux : « en commençant par les plus âgés ». Le bénéfice de l'âge, comme on dit !

Que s'est-il passé ? En une phrase, Jésus a tout bouleversé. Les accusateurs sont obligés de s'avouer à eux-mêmes qu'ils ne sont pas sans péché. Ces défenseurs de la Loi se découvrent coupables. Ils étaient les purs et elle, la pécheresse. Jésus a cassé ce face à face : il a fait passer les juges du côté de l'accusée ! Leur bonne conscience s'est évaporée. Les voici soudain solidaires de toute l'humanité pécheresse. Quelques instants de stupeur, d'hésitation, de dépit : il n'y a plus qu'à s'en aller en maugréant. Ce sont eux qui ont été pris au piège qu'ils ont tendu. Bientôt il ne reste plus personne.

Jésus et la femme. Deux solitudes. Il a attendu qu'elle soit seule pour se redresser. Il est difficile de regarder cette pauvre fille, à moitié déshabillée, accablée de honte et de peur, sans la blesser de quelque manière. Mais en quelques mots, Jésus la rend à sa dignité, à son avenir. Il feint d'abord de s'étonner : « Où sont-ils passés ? Personne ne t'a condamnée ? » Puis il ajoute : « Moi non plus, je ne te condamne pas. Va, et désormais ne pèche plus. » Pas question de s'attacher au passé, d'écouter des aveux... toute confiance est offerte, la route est ouverte : « Va... ».

Certains manuscrits anciens des évangiles ne présentent pas cet épisode. Des copistes l'ont caviardé. Leur époque était très sévère pour l'adultère. Ils ont trouvé que Jésus allait trop loin.

Ce jour là, il est invité. Chez un chef des Pharisiens ! Est-ce par sympathie, ou pour le voir de près, ou pour débattre avec lui ? On ne sait pas. Mais il est sous le feu des regards. Il y a du beau monde : des hommes de loi, des Pharisiens... Tous l'observent.

Voilà qu'un homme atteint d'hydropisie s'avance vers lui. Jésus le regarde, puis il s'adresse à toute l'assistance : « Est-il permis ou non de guérir un malade le jour du sabbat » ? Le sabbat était le jour saint où l'on arrêtait le travail pour se consacrer à la prière et à l'étude. On discutait beaucoup sur ce qui était permis ou défendu. Pourquoi Jésus leur pose-t-il cette question provocante ?

Le cercle des légistes et des Pharisiens garde un silence compact. Alors Jésus s'approche du malade et le guérit. Puis il regarde à nouveau ces visages fermés et il leur lance, avec le sourire, une autre question : « Si votre âne ou votre bœuf tombe dans un puits, vous ne l'en sortirez pas si on est en plein sabbat ? » Ironie aiguë : il leur dit en réalité qu'ils refusent à un homme ce qu'ils font sans scrupule pour leur âne ou pour leur bœuf. Il attaque en même temps l'observation rigide, inhumaine, du sabbat. La question, qui était débattue par les rabbins de l'époque, demeure ce jour-là sans réponse.

Le maître de maison, pour clôre l'incident, invite les convives à passer à table. Combien sont-ils ? Nombreux sans doute. Jésus ne bouge pas. Il voit certains des invités qui s'avancent avec assurance vers les premières places. Et lui de laisser tomber à mi-voix : « Quand tu es invité à des noces, ne va pas te mettre à la première place. Si quelque personnage plus important que toi se présente, le maître de maison te dira : cède lui la place... et tu seras bon pour aller au bout de la table ! » Sourires amusés... Jésus continue : « Mets-toi à la dernière place, le maître de maison viendra te dire : « mon ami, avance plus haut ». Ce sera un honneur pour toi devant tout le monde. »

Maintenant Jésus promène son regard sur tous ces personnages dont beaucoup se croyaient « à part », au dessus des autres. Il laisse tomber une sentence tranchante : « Qui s'élève sera abaissé, qui s'abaisse sera élevé ». Mais alors les hiérarchies, les élites, les distinctions ? Une fois de plus, il bouscule une société figée. Priorité à l'humble, au petit.

Quel était le menu ? A-t-on invité Jésus à aller à la première place ? Aucun renseignement. Ce que l'on sait, c'est qu'il va de nouveau tenir des propos inattendus, à la limite de l'impolitesse. « Quand tu donnes un déjeuner ou un dîner, n'invite pas tes amis, ni tes frères, ni tes parents, ni de riches voisins » – il est en train de décrire la tablée ! – « sinon ils t'inviteront en retour et cela te sera rendu ». Quelle tête doivent faire le chef des Pharisiens et ses convives ? Mais il continue et en rajoute, à couper l'appétit à tous les invités : « Au contraire, quand tu donnes un festin, invite des pauvres, des estropiés, des boiteux, des aveugles, et tu seras heureux parce qu'ils n'ont pas de quoi te rendre ! » Surgit le mot final éclairé d'un grand sourire : « Cela te sera rendu à la résurrection des justes ! »

Un des convives a compris qu'en parlant noces et repas, Jésus évoque aussi le grand festin attendu par beaucoup au jour où Dieu enverra son Messie ou viendra lui-même mettre un point d'orgue à l'histoire. L'homme s'exclame : « Heureux qui mangera le pain dans le Royaume des Cieux ! »

Une autre petite fable va suivre. Il s'agit encore d'un repas et, en filigrane, c'est Dieu lui-même qui invite. Donc un grand dîner. Tout le gratin de la ville est attendu. Un serviteur passe dire à tous que tout est prêt. Mais les convives se défilent avec des prétextes variés : l'achat d'un champ ou de cinq paires de bœufs (!), un mariage tout frais... Le maître de maison est en colère et il dit au serviteur : « Va-t-en sur les places, dans les rues, et amène ici les pauvres, les estropiés, les aveugles, les boiteux », autrement dit les exclus, les marginaux, ceux dont on se détourne. On pensait même en ce temps là que leurs péchés étaient à l'origine de leur situation misérable.

Le maître veut remplir sa maison. Mais la dernière phrase est cinglante pour ceux qui se croyaient prioritaires au festin de Dieu : « Je vous le dis, aucun de ceux qui avaient été invités ne goûtera de mon dîner. »

Humour, ironie ? Jésus a dépassé les limites, il provoque les hommes du statu quo social et religieux, ceux de son temps, ceux de tous les temps.

Appel totalement utopique ? Pour les hommes peut-être, mais c'est Dieu qui invite...

Ces histoires de vigne finiront mal.

Jésus les a sous les yeux, ces vignes dont les pampres rampent à même le sol caillouteux. Il voit les journaliers qui sarclent, qui taillent, qui vendangent. Et il raconte...

Un propriétaire est sorti de bon matin pour embaucher des hommes sans travail. D'accord : un denier pour la journée. Vers 9 heures, il en trouve d'autres sur la place, en train de ne rien faire. Il les envoie à la vigne. Même recrutement à midi et à 15 heures. Pourquoi n'étaient-ils pas à l'embauche plus tôt ? Jésus sait où il veut en venir et il n'en est pas à une invraisemblance près. A 17 heures, le patron trouve encore des hommes désœuvrés : sortaient-ils d'une longue sieste ? « Allez, vous aussi, à ma vigne ! »

Les ombres s'allongent sur les coteaux. On arrête le travail. Le propriétaire dit à son régisseur de distribuer la paie en commençant par les derniers arrivés et en terminant par les premiers. Bizarre ! Les derniers arrivés, qui ne se sont pas beaucoup fatigués, reçoivent un denier. Ceux qui sont là depuis le matin écarquillent les yeux : à ce tarif, ils vont recevoir une belle somme ! Mais quand vient leur tour, le régisseur leur donne, à eux aussi, un denier. Ils gardent la main ouverte et regardent la pièce. Puis ils commencent à murmurer contre le propriétaire : « Les autres ont travaillé une heure et tu leur donnes autant qu'à nous qui avons trimé et sué toute la journée ! » Le maître rétorque à celui qui criait le plus fort : « Ami, tu as bien été d'accord, ce matin, pour un denier ? Alors, je ne te fais pas de tort. Prends ce qui te revient et va-t-en. Je veux donner à ce dernier autant qu'à toi. Je suis bien libre de faire ce que je veux avec ma bourse ? »

Les mots deviennent soudain incisifs : « Ton œil est-il mauvais parce que je suis bon ? » Suit la conclusion, lapidaire, tranchante, scandaleuse : « Les derniers seront premiers et les premiers, derniers. »

Les adversaires de Jésus sourient-ils en écoutant raconter ces embauches successives ? Peut-être, mais ils ont bientôt compris. Les ouvriers du petit matin, ceux qui se prévalent d'avoir été les premiers choisis, ce sont eux ; les derniers, ce sont ces hommes qui ne se fatiguent pas pour être fidèles à la religion et à la morale et que Jésus semble préférer. Ne va-t-il pas jusqu'à faire l'éloge de la « foi » de païens qu'il invite au Royaume ?

L'histoire est invraisemblable. On n'a jamais vu un patron embaucher et régler ses ouvriers de pareille manière. Parmi les hommes, ça ne se passe jamais ainsi. Mais nous sommes au pays de Dieu, c'est lui le propriétaire de la vigne. Lui ne se comporte pas comme les hommes. Il n'est pas ce que les hommes ont fait de lui. Alors, faudrait-il changer de Dieu ? Celui qu'annonce Jésus n'est pas le Dieu rigide qui épie au nom de la Loi les faiblesses des hommes, il est le Dieu toujours aimant pour qui il n'y a pas d'heure.

Toute une conception raidie de la religion va-t-elle s'écrouler ? Ceux qui en sont les gardiens et les maîtres refusent. « Ton œil est-il mauvais parce que je suis bon ? » Certains des auditeurs se sentent désignés, attaqués. Dans leurs yeux, il y a des éclairs de colère et de haine.

Un autre jour, il raconte encore une histoire de vigne et de vignerons, mais cette fois, il passe les bornes. « Un homme planta une vigne, la clôtura, creusa un pressoir, y bâtit une tour ». Attention ! ces paroles sont du prophète Isaïe : au VIIIe siècle avant J.-C., il disait que son peuple était la vigne de Dieu. L'homme qui planta la vigne, c'est Dieu.

Jésus continue : le propriétaire loua la vigne à des vignerons et « partit à l'étranger pour longtemps ». Après la saison des vendanges, il envoie un employé pour percevoir sa part de la récolte. Les vignerons l'empoignent et le tabassent : il revient les mains vides. Il en envoie un autre qui revient bredouille et blessé à la tête. Un autre encore ? Il ne revient pas, ils l'ont battu à mort. Que faire ? Le propriétaire se dit : « Je vais envoyer mon fils. Lui, ils le respecteront ». Mais quand les vignerons le voient arriver, la décision est vite prise : « Voilà l'héritier. Tuons-le, on aura l'héritage ». Ils le tuent.

Jésus s'arrête. Le silence est lourd. Puis il interroge : « Que fera le maître de la vigne ? » Tous se taisent. Il répond lui-même : « Le maître viendra, il fera périr ces misérables, et il donnera la vigne à d'autres ». Des voix s'élèvent : « Non ! Que jamais cela n'arrive ! »

Jésus fixe sur eux son regard. Il reprend, presque avec insolence : « Vous n'avez jamais lu dans les Ecritures : la pierre qu'avaient rejetée les bâtisseurs est devenue la pierre de faîte ? » Et de conclure : « Le royaume de Dieu vous sera retiré, il sera donné à des étrangers qui feront de belles récoltes ! »

Les Grands Prêtres et les Pharisiens qui écoutent ces histoires comprennent vite qu'il parle d'eux. Il les traite d'assassins ! Ils veulent l'arrêter mais ils ont peur de la foule qui considère Jésus comme un prophète. Ils le laissent, ils s'en vont.

Comment se débarrasser de ce Galiléen qui vient les insulter jusque dans leur ville, la Ville Sainte ?

Ce jour là, le sort de Jésus a été scellé. Il a lui-même annoncé sa mort : il a désigné – et provoqué – ceux qui veulent sa perte.

Les Grands Prêtres et des Pharisiens se réunissent. Il faut stopper l'enthousiasme populaire qui grandit autour de cet homme. « Que faisons-nous ? Si nous le laissons continuer, tous croiront en lui, ça dégénèrera, les Romains interviendront ». L'occupant réprimait férocement tout ce qui pouvait laisser craindre un soulèvement. Finalement Caïphe, le Grand Prêtre en exercice, se lève et intervient de toute son autorité : « Vous n'y comprenez rien, vous ne voyez pas que c'est votre avantage qu'un seul homme meure pour le peuple et que la nation ne périsse pas tout entière... » Il a trouvé la solution : puisque Jésus remue les foules, on va l'accuser de troubler l'ordre public. Ce n'est pas sur le plan religieux, mais sur le plan politique qu'il faut le mettre en accusation. Et les Romains s'occuperont de lui...

Dès les premiers siècles, les Eglises – copte, arménienne, grecque, romaine, réformées, et d'autres – ont hérité de l'Evangile. Qu'ont-elles fait de l'héritage ? Il faut leur être immensément reconnaissant d'avoir conservé et transmis les manuscrits de ces petits livrets, de les avoir traduits en des milliers de langues, d'avoir fécondé tant de vies et contribué ainsi à améliorer la marche des sociétés. Mais chacune s'est présentée souvent comme la véritable héritière, légataire universelle de Jésus, seule habilitée à transmettre vraiment le message et à offrir le « salut ». Elles se sont parfois disputées jusqu'à s'affronter, les armes à la main, et à répandre le sang...

Les Eglises, souvent avec suffisance, ont prétendu être seules à connaître Jésus. Elles l'ont enfermé dans leurs doctrines et leurs rites. Elles ont eu longtemps le monopole exclusif de la représentation du « Christ ». Aujourd'hui, en Occident, on voit leur influence sociale diminuer : en s'éloignant d'elles, nos contemporains ne vont-ils pas oublier la figure de Jésus ? Ne serait-ce pas une perte tragique s'il disparaissait à l'horizon de l'humanité ?

Il y a eu, au long des siècles, des Jésus « latéraux », si l'on peut désigner ainsi les visages variés, parfois bien éloignés des évangiles, qu'ont présentés des groupes marginaux ou marginalisés, dès l'antiquité chrétienne. Le triomphe progressif de l'Eglise de Rome les a fait considérer comme « hérétiques ». Mais n'y avait-il pas déjà, dans les décennies qui ont suivi la mort de Jésus des manières variées de se référer à lui, plusieurs christianismes ?

Il en fut de même lorsque se manifestèrent d'autres dissidences – cathares, vaudois et autres – et que l'Inquisition entreprit sa terrible répression. Les Eglises d'Orient, les Eglises réformées et anglicane, continuaient de montrer que d'autres formes de vie chrétienne étaient possibles. Elles présentaient leurs différences par rapport à l'Eglise de Rome et les relations restaient conflictuelles ou distantes. Vint enfin, de nos jours, « l'œcuménisme », la rencontre respectueuse et prudente.

A partir du XVIIIe siècle, Jésus commença à échapper aux Eglises. Des philosophes regardaient vers lui. Au XIXe siècle, des penseurs politiques se référaient à lui dans leur désir de transformer le monde. En même temps, la méthode historique, les recherches archéologiques, les progrès de l'exégèse invitaient à une connaissance toujours plus approfondie des origines chrétiennes et de Jésus. Certaines Eglises mirent du temps à s'engager prudemment sur ces chemins nouveaux.

Depuis le XXe siècle, romanciers, essayistes, cinéastes, hommes de théâtre mettent en scène Jésus. Il est désormais dans le domaine public. Il est parfois manipulé pour exploiter le goût du sensationnel ou pour jeter la suspicion sur les Eglises. Cependant des historiens mettent à la portée de beaucoup les résultats de leurs recherches et l'on mesure mieux ce que fut la nouveauté féconde de Jésus dont on aperçoit la silhouette à travers les prismes des écrits des premiers chrétiens.

Ce jour là, le personnage le plus important – après Jésus, bien sûr, ou plutôt avec lui et... sous lui – ce sera un petit âne.

Jésus et ses compagnons approchent de Jérusalem. Ils arrivent sur le mont des Oliviers. Ils s'arrêtent : en face, au-delà de la vallée du Cédron, la Ville Sainte, rutilante au soleil... Jésus envoie deux de ses compagnons au village proche : « Vous trouverez un petit âne que personne n'a encore monté ». Pourquoi cette précision ? Les bêtes que l'on offrait en sacrifice devaient n'avoir jamais travaillé. Le détail signifie donc que le petit âne est pour Dieu. « Détachez-le et amenez-le. Si on vous dit : qu'est-ce que vous faites ? vous répondrez : le Seigneur en a besoin ».

Les puissants, les chefs de guerre, caracolaient sur des chevaux. Jésus, lui, sera porté par un âne paisible, animal de trait et modeste moyen de transport de tous.

Ils amènent l'ânon, mettent sur lui leurs manteaux, et Jésus s'assoit dessus. Les gens s'attroupent. Une vraie foule bientôt. Les uns étendent leurs tuniques sur le chemin, d'autres coupent des branches et répandent la verdure : une belle jonchée. Le cortège s'ébranle.

Cinquante ans plus tard, lorsque Matthieu rédige son évangile, il se souvient de l'oracle du prophète Zacharie qui avait écrit trois siècles plus tôt : « Tressaille d'allégresse, fille de Sion ! Crie de joie, fille de Jérusalem ! Voici que ton roi s'avance vers toi ; il est humble, monté sur un âne, sur un ânon tout jeune ».

Mais dans la citation, Matthieu a omis ces mots : « Il est juste et victorieux », pour éviter tout ce qui pourrait orienter les esprits vers des rêves de puissance. Pour lui, Jésus n'est pas le Messie triomphateur que certains attendaient, mais le Messie de Paix. Dans les évangiles de Marc et de Luc, on ne trouve pas le texte de Zacharie. Pourquoi Matthieu l'a-t-il introduit? Dans le débat, âpre parfois, avec des opposants juifs, Matthieu se réfère aux Saintes Ecritures d'Israël : il veut montrer que Jésus est bien celui que l'on attendait depuis des siècles et qui avait été annoncé.

Le petit âne avance, entouré par la foule. L'enthousiasme monte. Ceux qui marchent en avant du cortège poussent des exclamations, comme on avait coutume de le faire pour accueillir un nouveau roi ou quelque héros victorieux ! Tout le monde reprend les paroles d'un psaume : « Hosanna ! Béni soit celui qui vient au nom du Seigneur ! » Certains ajoutent : « Béni soit le Royaume qui vient de notre père David » !

Attention ! David, dans toutes les mémoires, c'est le roi qui a donné jadis sa prospérité et sa puissance à Israël. Jésus est-il un nouveau David, le Messie qui jettera à la mer l'envahisseur romain et rendra à la nation son indépendance ? Les Renseignements Généraux de l'époque s'activent à faire leur rapport. Que va-t-il arriver ?

Quelques Pharisiens qui voient la manifestation prendre une tournure politique, s'approchent de Jésus, peut-être pour lui éviter des ennuis : « Maître, fais-les taire ! » Et lui de répondre : « S'ils se taisent, les pierres crieront ! »

Au soir de cette journée exaltée, durant la semaine tragique qui va suivre, et plus tard, qu'est devenu le petit âne ?

Scandale ! Il est là-bas, sur le parvis du Temple, il renverse les tables des changeurs, les pièces d'or et d'argent roulent sur le dallage et les banquiers courent pour les ramasser !

C'est fou : il faut bien des changeurs car on ne peut acheter des bêtes pour les sacrifices qu'avec de l'argent juif, qui ne porte pas d'effigies de divinités païennes. Comment les Juifs venus d'Egypte, de Grèce, de Rome, pour la fête de Pâques, pourront-ils se procurer un agneau ?

Les quatre auteurs des évangiles, avec des différences, racontent tous l'événement. Jean précise que Jésus avait fait un fouet de cordes et qu'il chassait bœufs et brebis... et les colombes qui s'envolaient. Il renversait les sièges ! La pagaïe dans le lieu saint ! Il leur criait un passage des Ecritures : « Ma maison sera appelée maison de prière mais vous, vous en avez fait un repaire de brigands ».

Jésus veut-il mettre fin au sacrifice de bêtes, au culte séculaire, ou seulement protester contre le commerce lucratif des marchands ? Sait-il qu'il porte atteinte à la prospérité économique de Jérusalem, riche de l'afflux des pèlerins lors des fêtes, et qu'il atteint aussi les intérêts du clergé et du Grand Prêtre ? Ce coup de colère coûtera cher au prophète galiléen !

Les autorités s'approchent en longues robes : « De quel droit, qu'est-ce qui t'autorise à faire ça ? » Les responsables religieux l'acculent à dire pourquoi, au nom de qui, il a posé ces actes violents !

La proximité des textes de Marc et de Jean – ce que les spécialistes appellent une « attestation multiple » – plaide pour la valeur historique de leurs éléments communs. Mais l'évangile de Jean, écrit vers la fin du Ier siècle, après des décennies de réflexion sur Jésus et son œuvre, apporte un complément qui lui est propre. « Ses disciples se souvinrent – nous sommes donc plus tard, à l'époque du récit de Jean – qu'il est écrit : « Le zèle de ta maison me dévore. » Et cet évangile tardif ajoute qu'à la question des responsables religieux : « Quel signe nous donnes-tu pour faire cela ? » Jésus aurait répondu : « Détruisez ce Temple et dans trois jours, je le relèverai ». Ses interlocuteurs ont un sursaut : « Il a fallu quarante-six ans pour bâtir ce Temple et toi, tu le relèverais en trois jours ? »

Les phrases qui suivent montrent comment la réflexion – la théologie – a guidé le rédacteur : « Lui parlait du Temple de son corps. Lors donc qu'il se fut relevé d'entre les morts (après la « résurrection »), les disciples se souvinrent qu'il avait dit cela et ils crurent à l'Ecriture et à la parole que Jésus avait dite ».

Le temple avait été détruit en l'an 70, lorsque les Romains écrasèrent l'insurrection juive ; la fumée des sacrifices avait disparu à jamais du ciel de Jérusalem ; il n'y avait plus un Lieu saint, une maison de Dieu. Pour les disciples de Jésus, en rupture au temps de Jean avec la religion juive, l'accès à Dieu passe désormais par Jésus, c'est en lui qu'on Le rencontre, il est le Temple véritable.

Quand Jésus fut traduit devant le Sanhédrin, de faux témoins vinrent déclarer, selon Marc et Matthieu : « Nous l'avons entendu dire : Je détruirai ce Temple fait de main d'homme et en trois jours j'en rebâtirai un autre qui ne sera pas fait de main d'homme ». Jean, lui, en fonction de la présentation de Jésus qu'il fait dans son évangile, ajoute : « Lui parlait du Temple de son corps ». On voit, sur cet exemple, comment évoluait la pensée des générations chrétiennes successives à propos de Jésus.

Revenons sur l'esplanade du Temple : les prêtres, les scribes, les notables sont là, face à Jésus. « Ils cherchent comment le faire périr ». Mais la foule est là, aussi, avide de le voir et de l'écouter.

Le soir, à « l'heure tardive », Jésus et ses disciples sortent de la ville. Attention à la nuit...

L'heure n'est plus à rire ou à sourire car le drame cruel approche.

Quand il a pris le pain dans ses mains et qu'il a levé les yeux en prière, personne parmi les douze compagnons n'a dû penser qu'on referait ce geste pendant des siècles.

Jésus reprenait le rite pratiqué par des groupes pieux de son temps. C'était au cours d'un repas religieux. Le président de la table, avant de rompre le pain et de faire circuler la coupe, remerciait le Dieu d'Israël pour ses bienfaits dans la nature et dans l'histoire. Tous s'associaient à cette action de grâces en mangeant un morceau de pain et en buvant à la coupe.

Se sont-ils aperçus sur le moment que Jésus donnait un sens nouveau à cet humble rite ? « C'est mon corps et mon sang... » En présentant le pain et le vin, Jésus s'offrait lui-même, car il sentait bien que sa mort était proche. Avec la subtilité de l'intelligence juive, il jouait une fois de plus des mots et des choses pour exprimer ce qui est bien au-delà. Prodigieux gestes si expressifs, à partir des réalités les plus quotidiennes...

Plus tard, dans les cadres rigides d'une logique qui se voulait réaliste, on raisonnera et on chosifiera : le corps d'un côté, le sang de l'autre. On se disputera pour ou contre la « présence réelle », on mettra des hosties dans des ostensoirs d'or... et on oubliera que Jésus est vivant « là où deux ou trois sont réunis en son nom », et aussi quand il nous parle, dans l'évangile, et quand il nous attend sur le visage des pauvres de toutes les pauvretés. Pourquoi n'avoir pas respecté la simplicité de son offrande ?

Maintenant, ils partent vers le jardin de Gethsémani. La nuit est noire. A Jérusalem, une troupe attend l'heure pour aller arrêter Jésus. Tous les pouvoirs se sont ligués pour préparer sa perte.

Procès, comparutions, interrogatoires, moqueries, flagellation, crucifixion, Jésus conserve sa dignité. Jusque sur la croix, le supplice horrible où le condamné halète si longtemps avant le dernier cri… Il pardonne à ses bourreaux. Pour ses ennemis qui le narguent, sa mort est le signe évident qu'il n'est pas l'envoyé de Dieu.

Ils oublient les poèmes d'un prophète qui avait évoqué un serviteur souffrant, persécuté, Elu du Très Haut pour ouvrir aux hommes, à travers sa vie et sa mort, leur véritable avenir.

La plupart des compagnons de Jésus ont fui. Mais la foi de quelques uns – des femmes d'abord – les a bientôt retournés. Les Saintes Ecritures avaient annoncé la mort tragique du Juste ? Jésus n'était donc pas abandonné de Dieu, bien au contraire. Lui qui avait refusé d'être roi, qui s'était dressé contre tous les abus de pouvoir, qui refusait les barrières entre les hommes, qui avait risqué sa vie, qui avait voulu faire naître un monde d'amour... il était maintenant avec Dieu.

Face à la variété des hommes, juifs, grecs, romains, et de leurs cultures, on va crier qu'il est remis sur pieds – « ressuscité » –, qu'il est « vivant », qu'il est « exalté à la droite de Dieu ». La vie ressuscitée attendue par beaucoup de Juifs, c'est lui qui en est l'aurore.

Il est, pour les disciples, « le Premier Né d'entre les morts » et sa vie en Dieu éclaire ce que fut et demeure son existence terrestre. Rester en éveil, regarder au plus profond de la conscience, refuser les barrières et les exclusions, trouver le bonheur dans la pauvreté, la douceur, la droiture, le refus de la violence, la passion de la justice, la confiance éperdue dans le Père qui fait briller son soleil sur les méchants comme sur les bons, aimer comme Lui jusqu'au pardon... C'est donc déjà et ce sera toujours la vraie vie, celle que Dieu suscite et ressuscite. Quelle annonce à jamais bouleversante dans la vie des personnes et des peuples !

Un fin connaisseur des évangiles et des premiers écrits du Ier siècle a écrit : « Les premiers chrétiens ont dit bien davantage sur Jésus que ce que Jésus a dit lui-même » (1). Il leur fallait bien parler de lui avec les mots et les idées de leur époque et de leur pays. On peut en donner succinctement quelques exemples.

Lui-même ne s'était jamais présenté comme « Fils de Dieu » : ses disciples juifs lui ont donné cette appellation qui signifiait « l'envoyé de Dieu ». Plus tard, l'expression, colorée par la philosophie grecque, a pris une signification beaucoup plus forte : Jésus a été présenté comme le Fils unique de Dieu, de même nature que le Père, au cours des conciles du IVe siècle. Jésus entrevoyait-il toute cette théologie, quand il demandait à ses disciples : « Qui dites-vous que je suis ? » La question demeure ouverte.

On dit qu'il est mort pour nous racheter, en rançon pour nos péchés. Comme ces interprétations sont peu cohérentes avec le Dieu de miséricorde qu'annonçait Jésus en racontant la parabole de l'enfant prodigue !

Quelques passages des Ecritures évoquaient un personnage persécuté, souffrant, qui portait les péchés de la multitude : ces versets permirent de penser que Jésus, crucifié, n'avait pas été abandonné par son Père, mais qu'en réalité, il couronnait ainsi sa mission, « conformément aux Ecritures ».

On a répété durant des siècles que Jésus était la victime expiatoire et qu'il était mort pour sauver les hommes. Mais pourquoi est-il mort ? Parce que des hommes au pouvoir ont voulu le supprimer, parce qu'il gênait, parce qu'il ébranlait toute une société. Comment a-t-on oublié ce motif de sa condamnation ? A la messe on prononce encore « en nous souvenant de la mort et de la résurrection de Jésus » et on semble oublier sa vie, comme s'il n'était né que pour mourir !

On dira plus tard qu'il est le « Grand Prêtre » de la Nouvelle Alliance. Pourquoi le faire « Prêtre » et lui imposer un titre et une fonction religieuse ? Le Temple de Jérusalem avait été détruit en 70 et le sacerdoce avait disparu. Jésus était désormais pour ses disciples l'accès à Dieu. En le désignant comme Prêtre, alors qu'il n'avait jamais prétendu l'être, on le faisait entrer dans les catégories de la pensée religieuse du temps. Mais n'était-ce pas une manière, subtile et inconsciente, de ne pas affronter sa nouveauté vertigineuse, en le rangeant dans le monde religieux habituel ?

Beaucoup de ces titres, de ces fonctions attribuées à Jésus dans le vocabulaire des cultures – juive, grecque, etc. – des premiers siècles de l'ère chrétienne, ne « parlent plus » à beaucoup de nos contemporains. Ces expressions ont conduit jadis les esprits et les cœurs vers Jésus, elles ont contribué à donner sens à la vie, et à la mort. Aujourd'hui, elles sont devenues inintelligibles, à moins d'être accompagnées de commentaires érudits.

Des cultures les ignorent : en Inde, en Chine, en Afrique, elles relèvent d'une langue et d'une pensée étrangères. Les théologiens de ces univers spirituels cherchent dans les traditions de leurs peuples comment dire Jésus. Des croyants asiatiques le considèrent comme le sage, la voie, l'avatar, le serviteur, le compatissant, le danseur, le pèlerin... (2)

Dans les cultures nouvelles qui s'élaborent en Occident, particulièrement parmi les jeunes générations, la transmission des formules du passé ne se fait guère, et ce constat trouble les parents et les grands-parents qui se mettent souvent, eux aussi, à s'interroger.

L'heure est à découvrir ou redécouvrir la source. Les évangiles sont déjà des ruisseaux en aval, grossis des affluents de l'expérience, des réflexions, des aspirations des disciples du Ier siècle. Ils colorent l'eau vive de l'origine et les méandres des poussées religieuses infléchissent, orientent, canalisent le torrent des débuts.

Est-ce à dire qu'en arrière des divers portraits du « Christ » que nous présentent Paul, Marc, Matthieu, Luc, Jean, Jésus demeure inaccessible ? Ce serait oublier que ces cinq prismes ont le même point focal lumineux. En étudiant les ressemblances et les différences entre ces textes, en les mettant en rapport avec les cultures et les pratiques du temps, de mieux en mieux connues, on aperçoit la silhouette de l'artisan de Nazareth, on accueille avec plus d'exactitude son message, ses initiatives, sa nouveauté. Il avait quitté son atelier car il voulait construire pour son peuple, et finalement pour tous les hommes, une demeure enfin humaine, la demeure de Celui qu'il appelait familièrement « Père ».

Comment évoquer Jésus ? On n'aura jamais fini de faire chanter les langages pour désigner celui qui est à jamais le premier de cordée des ascensions humaines, le pionnier de la marche vers l'avenir divin de l'humanité.

Je voudrais qu'on le suive, qu'on le célèbre, qu'on l'aime, en respectant son ineffable secret.

---

(1) Gerd Theissen ; La religion des premiers chrétiens, page 77.

(2) Exemples dans l'ouvrage de Michael Amaladoss, Jésus asiatique.

Au cours d'une campagne de fouilles en Galilée, des archéologues auraient découvert une peau d'agneau sur laquelle on pourrait lire, en araméen, une lettre d'un habitant de Nazareth, écrite quelques jours après la mort de Jésus... Nous en publions la traduction sous toutes réserves.

Nazareth,
en cette fin du mois de Nizan

Cher Jésus,

Tu te souviens certainement de moi : nous allions ensemble à la synagogue, quand nous étions enfants. Tu étais beaucoup plus fort que moi : tu retenais tout, tu posais des questions, tu faisais des réflexions étonnantes. Plus tard, je venais te voir à l'atelier et, chaque fois, je repartais heureux, comme si la couleur de la vie avait changé.

J'ai eu de temps en temps de tes nouvelles quand tu es parti sur les chemins. Certains disaient que tu étais devenu fou, d'autres étaient fascinés par tes paroles, il y en avait même qui voulaient te faire roi ! Tu dérangeais beaucoup de monde, paraît-il, en allant vers les malades, vers ceux qu'on méprise, vers les pauvres, comme s'ils étaient les préférés du Très Haut. Tu n'étais pas toujours d'accord avec les savants qui interprètent la Loi : tu rappelais toujours que l'amour est plus important que tout.

J'ai appris avant-hier qu'on t'a tué, crucifié, à Jérusalem. On dit aussi que certains de tes amis t'ont vu, que tu es vivant plus que jamais. Je ne sais pas si j'aurai une apparition de toi, car tu connais tant de gens, mais je suis sûr que Dieu t'a pris avec lui. Je suis triste en pensant à ta mort si affreuse, à ceux qui ont tout fait pour te supprimer : on m'a dit que tu leur avais pardonné.

Et maintenant, que va-t-il arriver ? Tu ne seras pas oublié. Je suis sûr que beaucoup de femmes et d'hommes vont se lever, marcher à ta suite, essayer, comme toi, de changer la vie. Mais j'ai peur qu'on te défigure en voulant tout expliquer, en t'habillant de théories, en t'entourant de dévotions. Toi si libre, qui n'avais pas où reposer ta tête et qui appellait à aller sans cesse plus loin.

La nuit dernière, j'ai fait un cauchemar... On t'avait enfermé, à Rome et aussi en d'autres endroits, dans des édifices magnifiques ; des hommes qui portaient des vêtements de fil d'or et des coiffes pointues affirmaient qu'ils étaient tes représentants et qu'ils avaient reçu de toi des pouvoirs ; certains disaient avec beaucoup d'assurance ce qu'il fallait penser de toi. J'en avais des sueurs... Mais je voyais aussi beaucoup de gens – même des femmes – qui trouvaient en toi une force puissante et qui se mettaient à te ressembler.

Est-ce toi qui es venu vers moi dans ce rêve ? Quand je me suis réveillé, j'ai senti, moi aussi, une grande envie d'être un peu comme toi. Je te parle parfois. Je pense à toi quand je vois quelqu'un qui souffre, qui est dans le besoin ou la peine. C'est peut-être toi qui m'apparais aussi...

Pauvre Jésus, ce n'est pas fini. Je crois que tu commences. Avec toi, on sera toujours en train de commencer. Et de te remercier.

Ton petit camarade.
Nathanaël

A quelles profondeurs Jésus puisait-il son humour, ce goût de monde transfiguré qui lui faisait bousculer les lourdeurs du présent ? Les traditions lointaines d'Israël chantaient en lui. Pour accueillir la nouveauté du prophète de Nazareth, il faut évoquer ce passé qui fleurissait en lui et nous prêter à son élan.

Dès les premières pages de la Bible, le petit rire d'une femme sans âge ouvre notre mémoire. En écoutant cette histoire enchantée, faut-il chercher un compte-rendu de ce qui s'est passé « réellement » ? Inutile. Laissons-nous plutôt entraîner vers cette profondeur du réel, bien en deçà de notre expérience, que peut seule pressentir et désigner l'inspiration poétique : les mots, le récit, vont danser autour de notre origine et broder de sens notre vie.

C'était l'heure orientale où la lumière danse au soleil de midi : l'existence est comme éblouie et la plénitude d'être oppresse. D'étranges passants se sont arrêtés à l'invitation d'Abraham. Sara écoute, invisible, dans la tente. Soudain le rire lui échappe et trahit sa présence. Le voyageur vient d'annoncer : « Je reviendrai au printemps et voici que Sarah, ta femme, aura un fils ».

L'antique récit de la Genèse va tout faire exploser en quelques lignes. Abraham et Sara ne savaient plus leur âge et Sara avait cessé depuis longtemps d'avoir ce qu'ont les femmes. Elle se mit à rire : « Tout usée comme je suis, pourrais-je encore connaître le plaisir ? Et mon maître qui est si vieux ! »

Le visiteur venait de toucher le drame de leur vie. La femme était stérile. Et l'âge – le sien et celui de son époux – semblait redoubler cette stérilité. L'énormité du propos aurait pu réveiller de vieilles amertumes, mais elle rit en évoquant avec réalisme leurs possibilités révolues. Plus qu'à l'enfant, elle pense au « plaisir » qui accompagne l'acte de fécondité. Heureuse nature qui fait gaîté de la détresse et s'amuse du contraste plutôt que de s'en attrister ! La vieille Sara n'était pas de race morose...

L'auteur du récit biblique démasque alors l'hôte à l'étrange propos. C'est « Yahvé » lui-même, le Seigneur des vivants. Il sait le nom de celle qui se dissimule derrière la toile de la tente et il traduit en langage décent la réflexion de la vieille femme : « Pourquoi Sara a-t-elle ri, en se disant : vraiment, vais-je avoir un enfant alors que je suis vieille ? » Sara réplique de l'intérieur de la tente : « Je n'ai pas ri ! », car elle avait peur. Et le voyageur de lui répondre : « Si, tu as ri ! » Isaac allait être l'enfant du rire et le vieux couple stérile ouvrait, selon les traditions, la lignée qui verrait naître un jour Jésus.

L'histoire – la vraie, la dure existence quotidienne – va continuer. Elle aura ses violences, ses raideurs et ses oublis, mais le vieux livre conservera cette mémoire fondatrice : notre vieille humanité précaire peut donner vie quand elle accueille la fécondité de Dieu. C'est le contraste, entre le couple usé et le « plaisir » de donner vie, qui fait tressauter le rire. Là était et demeure l'acte de naissance des croyants. Quand ils ne savent plus qui ils sont, ils peuvent se raconter l'épisode originaire. Nous sommes nés de l'humaine stérilité et de la parole vivifiante de Dieu. Notre acte de naissance et notre identité sont enveloppés de rire.

Un humour originel, constitutif, ne cessera plus de courir à travers le peuple de joyeuse naissance. Aucun constat de catastrophe, aucune impasse politique, morale ou religieuse, n'aura raison de lui : il y aura toujours des hommes et des femmes pour rappeler qu'une promesse fermente en eux et qu'une disproportion veut jouer de leurs accablements. Comment ne pas sourire face à toutes les pesanteurs, quand on se sait porteur de la démesure divine ?

Un jour, Israël, en méditant de nouveau sur le mal et la mort, jettera son regard plus loin en arrière, vers les inaccessibles origines premières. Il pourrait se laisser fasciner par les divinités des grands empires qui l'entourent et dont il subit le joug.... L'auteur du premier chapitre de la Genèse a l'audace de présenter comme des « luminaires » le Soleil qu'adoraient les Egyptiens et la Lune à laquelle les Babyloniens rendaient culte. Il connaissait les mythes de création de ces peuples : on y voyait les êtres humains, nés de quelque personnage divin vaincu, voués à la passivité, loin du combat des dieux.

L'écrivain biblique, lui, joue de ces textes pour présenter une tout autre vision de Dieu et de l'humanité. C'est par sa Parole que Dieu crée l'homme, homme et femme. Il le façonne « à son image » ; le peuple des humains est son interlocuteur responsable et debout sur la terre à « dominer ». Il n'y a plus de fatalité astrale : Dieu est proche comme quelqu'un qui parle et les hommes ont pour vocation sa « ressemblance ». Impossible désormais de sacraliser la nature, les arbres, les sources et les cycles obscurs de la fécondité : on rit de ceux qui font un dieu avec du « bois » ou qui vont « baiser un veau » de bronze ! Pas question, non plus, de considérer comme divin le détenteur du pouvoir politique, qu'il s'agisse de Pharaon ou du roi d'Israël : on n'a d'autre roi que Dieu. Face aux grandeurs de ce monde, la postérité d'Isaac ne se laisse pas impressionner : elle en appelle toujours à l'inattendu de Celui qui fait rire.

Quand les soldats d'Assour vont déferler du Nord, au VIIIe siècle avant notre ère, le prophète annonce qu'après l'épreuve, la tendresse de Dieu se manifestera : déjà elle balbutie des promesses pour un avenir prestigieux. Le monde entier, chameaux et jeunes filles, éclopés et personnages royaux, tous conflueront vers Jérusalem. On est encore exilé et opprimé, mais on sait que Dieu est fidèle et on évoque avec le sourire l'avenir glorieux. On se souvient de ce qui sera : rira bien qui rira le dernier !

Humour fréquent des prophètes : ils se gaussent des puissants et des riches jusqu'à manier parfois l'ironie la plus acide : ils désignent les catastrophes engendrées par la suffisance imbécile des hommes ; ils annoncent jusque dans les nuits les plus effroyables la venue du Dieu d'Abraham et la force de son amour. Au Temple et dans les esprits, on était figé sur les hauts faits divins dans le passé : les prophètes, eux, attendent Dieu de l'avenir. Rien n'est joué pour toujours, impossible de désespérer tout à fait, puisque l'inventivité aimante de Dieu est en train de préparer l'incroyable. Amos, Osée, Isaïe, Jérémie et les autres sont des témoins de cet écart entre l'aujourd'hui pitoyable de l'humanité qui les entoure et les lendemains que Dieu veut faire lever sur elle. Dans ces conditions, comment ne pas regarder avec l'amorce d'un sourire le sérieux des hommes bornés et même les événements qui semblent anéantir l'espoir ?

La Bible, prodigieuse aventure créatrice de sens, marche obstinée vers l'impossible ! Quel goût de ce qui pourrait être, alors même que le passé est accablant !

Autre lueur en des temps de nuit où les déportés en Babylonie désespèrent de l'avenir de leur peuple : des hommes ardents leur racontent encore l'histoire originelle du vieux couple stérile, Abraham et Sara. Dans un geste immense, ils montrent à leurs compagnons de détresse les étoiles au ciel d'Orient et le sable innombrable au bord de la mer : « Telle sera ta postérité ». Folle disproportion ! Et ce n'est pas tout : « Pars ! Va vers le pays que je te donnerai ! » C'est l'annonce du retour inespéré vers Jérusalem et les monts de Juda ensoleillés ! Promesse du Très Haut, alliance avec l'Unique, mépris des dieux des vainqueurs, quel délire d'espérance ! On sourit, on rit, devant pareille disproportion.

Un jour, le rêve devient réalité. Mais de nouveau, au pays retrouvé, c'est le marasme, les abus de pouvoirs, les injustices. La voix des prophètes s'élève à nouveau pour railler les puissants et ranimer les rêves. On n'aura donc jamais fini de marcher, de tituber, vers l'horizon toujours fuyant.

On rumine le passé pour trouver des explications aux effondrements successifs de la nation. Les livres des Rois présentent une histoire « théologique », lourdement rythmée – à quatre temps – par la faute et le châtiment, le repentir et le retour en grâces. Mais cette rigidité moralisante doit bien constater, parfois, l'impromptu de Dieu lui-même : c'est le petit dernier, auquel Jessé ne pensait pas lorsqu'il présentait ses fils à Samuel, qui est choisi par Dieu. C'est cet adolescent qui va renverser, avec sa fronde et quelques petits cailloux, le Philistin Goliath. Une fois encore, Dieu bouscule les réalistes et fait advenir l'invraisemblable. Mais n'avait-il pas déjà donné un fils à Anne la stérile pour qu'elle enfante Samuel, l'homme qui allait faire sur David l'onction royale ? Qu'il faisait bon se remémorer la vie de Joseph, l'habileté de la mère de Moïse, le défi des Hébreux au puissant Pharaon, et tant d'autres épisodes où le Dieu des pères avait bousculé l'inéluctable pour déployer sa force dans la faiblesse !

Qu'on avait ri en racontant le naufrage de la cavalerie égyptienne dans la Mer Rouge ! Et la peur des explorateurs de Canaan qui parlaient, à leur retour, de véritables géants à affronter, comme elle avait paru futile après la victoire ! Et l'intervention décisive de l'ânesse de Balaam ?

Il y a souvent une disproportion divine entre les pesanteurs de l'humanité et l'avenir que Dieu féconde en elle : cette certitude fragile et indéracinable est le fil d'or de l'aventure d'Israël. Il éclaire toutes les expressions de sa vie : jusque dans les écrits de sagesse que l'on croirait désabusés, un humour diffus colore la réflexion et le style. Quand Dieu visite Job dans l'abîme de la révolte, il lui montre le rhinocéros et l'hippopotame, présentés comme « mes chefs-d'œuvres » !

Lorsque l'histoire paraîtra décliner, les auteurs des Apocalypses feront danser les dates et les symboles, les cieux et la terre, les anges et les hommes, pour crier contre toute attente que Dieu va déchirer les cieux et venir en personne ! Qu'importe alors les brutalités des armées étrangères qui se pavanent sur la Terre Promise : Dieu « rit » des impies et bientôt, après la nuit, il va étendre son bras...

La bibliothèque de l'humour de Dieu – la Bible – comporte des longueurs mais partout la Sagesse est une petite fille qui joue avec les enfants des hommes. Un réalisme supérieur à celui des apparences médiocres ou accablantes ressurgit fréquemment. La foi dans l'Amour ne cesse pas d'engendrer l'humour. Le rire de la vieille femme stérile n'était qu'un commencement, que tous les avenirs allaient amplifier. Jusqu'au terme espéré : après les douleurs de l'enfantement, quand la Jérusalem parée des pierres précieuses de toute la terre descendra du ciel – vous vous rendez compte ! – pour les noces ultimes, alors éclatera le « rire de l'univers » dont parlait Dante.

Mais qui aurait imaginé qu'en son amour et en son humour, Dieu prendrait visage humain d'une jeune

Galiléenne ? Sara aurait-elle jamais pu deviner, en sa stérilité sans âge, qu'elle était l'aïeule rieuse de Jésus ? Suprême disproportion...

Jésus est passé. Deux évangélistes, Matthieu et Luc, pour bien montrer son origine divine, ont écrit qu'il était né d'une vierge. Toute sa brève vie publique, il invitera les hommes à naître « d'en haut, de l'Esprit » ! Que de fois il secouera les scléroses, les fausses apparences, les conduites mortifères. Jusque dans le brouillard de l'agonie, il murmurera le pardon et ouvrira le paradis. Au 3e jour, des femmes, des hommes proclameront que sa mort était passage, qu'il est Vivant en Dieu.

Désormais et pour toujours, nous en sommes au « risus pasqualis » (le rire pascal) que les prédicateurs, jadis, étaient invités à déclencher dans leur homélie du Jour de Pâques. Si le condamné à mort que l'on avait cru désavoué et abandonné de Dieu s'est relevé de son tombeau, si la lumière de résurrection qu'il a fait éclater dans les sociétés et dans les cœurs continue de transfigurer le monde, si la mort est vaincue, alors quel rire définitif !

Impossible de jamais le réglementer, le discipliner. Les opacités des orthodoxies et les suffisances des appareils religieux s'efforceront souvent de figer cette gaieté et de lui substituer la peur. Mais qu'ils soient d'Orient, d'Occident, les « fols en Christ » iront jusqu'à l'extravagance dans leur attestation plaisante d'un Dieu que n'enferme aucune institution, aucun rite, aucune doctrine. Chacun à sa manière avait voulu « devenir fou pour devenir sage », selon le mot de St Paul (1 Cor.3/18). Ces femmes et ces hommes continuaient les initiatives des prophètes de jadis : Isaïe n'était-il pas resté nu et déchaussé pendant trois ans (Is.20/2 sq) ? Ezéchiel n'avait-il pas mangé une galette cuite avec des excréments humains (Ez.4/12 sq) ? Cette attestation, plus essentielle que toutes les règles sociales, les conduisaient à rompre les convenances pour déchirer l'inconscience, donner un signe, faire apparaître une réalité plus réelle que le réel.

François d'Assise, jongleur de Dieu, demeure l'un des visages les plus lumineux de la lignée innombrable des êtres qui ont refusé tous les conformismes pour la folie de l'évangile. On énumère volontiers dans l'histoire de ces grandes figures les noms des Pères du Désert, des saints russes, des ascètes irlandais, de Philippe de Neri, de Thomas More, du « vieil enfant » Jean-Marie Vianney, de Jean XXIII et de tant d'autres. On risque d'oublier que le rire pascal habite d'abord et toujours le peuple chrétien, et particulièrement le peuple des pauvres. A ceux qui ont peu ou qui n'ont rien, il reste dans les yeux le feu léger de l'humour. Eux ne risquent pas de s'enliser dans l'avoir et dans la conservation du présent. Ils nourrissent leur humanité à la disproportion de l'avenir de Dieu.

Au long des siècles chrétiens, aux heurs et malheurs de l'histoire personnelle et collective, que de visages ont connu la lueur divine de l'amour et de l'humour jusque dans les passes les plus cruelles, les plus désespérantes. Jamais ne s'est éteint, jamais ne s'éteindra le rire de Sara dans l'humaine transhumance.

On ne pourra pas oublier que Jésus, au bord d'un puits à l'eau stagnante, offrait à la Samaritaine une eau vive et jaillissante...

Au moment de mettre un point final à ce petit livre et de « jeter la bouteille à la mer », un étrange désir m'envahit : j'ai envie d'écrire à celles et ceux qui l'ont pris en main. J'ai besoin de leur dire que cet ouvrage est partiel, inachevé. Et que j'ai eu l'audace de le présenter comme tel.

Il est partiel : j'aurais pu faire écho à d'autres textes des évangiles. Il est inachevé : c'est la lectrice, le lecteur, qui lui donneront suite.

Je leur dois aussi des aveux confidentiels. Pourquoi ai-je passé, durant cet hiver et ce printemps, de petits matins paisibles à écrire ces pages, en y prenant du plaisir et même en m'amusant quelque peu ? Vous allez penser que ce n'est pas très sérieux d'écrire sur Jésus en y prenant du plaisir et en s'amusant ? Ce fut précisément l'amorce de mon écriture. Je constate depuis longtemps que l'on aborde et commente les évangiles avec une gravité sévère. On ne voit guère qu'ils sont fleuris d'humour et d'ironie.

J'ai voulu proposer une lecture souriante de ces livrets inépuisables.

Les critiques me reprocheront sans doute de prendre des libertés, de raconter à ma façon, d'en « rajouter ». Ils auront raison, les critiques ont souvent raison ! Mais j'ai de quoi défendre mon initiative. Les auteurs qui ont écrit les évangiles de Matthieu et de Luc connaissaient le texte de Marc et ils l'ont utilisé très librement, quelques décennies plus tard, pour présenter Jésus à d'autres destinataires. Et celui de Jean, vers la fin du Ier siècle, veut le révéler dans une lumière nouvelle. La réflexion a évolué, les auditeurs ont des cultures et des problèmes différents, le message s'adapte car il est vivant. Si ces auteurs dont les écrits sont considérés comme normatifs font montre de liberté, ne faut-il pas les imiter et inviter mes lecteurs amicaux à pareille démarche ?

Ce n'est pas tout ! Si je fais quelque peu danser les textes, si je brode parfois pour qu'ils « parlent » aujourd'hui, c'est parce que Jésus n'est pas enfermé dans les écrits de ses disciples.

Il est « avant », « en-deçà », unique. Aucun évangile ne l'exprime totalement. Chacun présente « sa » vision du « Christ » et de son bref passage au milieu de son peuple. Les quatre petits livres sont comme des lentilles à travers lesquelles on aperçoit, au point focal, une silhouette d'une fascinante nouveauté. Les études des spécialistes, depuis deux siècles, ont fait découvrir les ressemblances et les différences entre les témoignages des premiers chrétiens. Ils font percevoir aussi l'écart entre ces « présentations » de Jésus et... Jésus lui-même. J'ai voulu, ici ou là, initier quelque peu à cette approche, trop ignorée encore, alors qu'elle pourrait répondre aux doutes et aux questions de beaucoup de nos contemporains.

Mais voilà que je prends, moi aussi, le ton des gens sérieux ! Il me reste à faire une dernière confidence, celle qui donne son titre à ces pages mêlées. Je constate de plus en plus que l'évangile est... dans les rues. Que de gens, à distance des Eglises, dévouent leur vie, s'occupent des autres, proches ou lointains, créent de l'avenir plus humain à travers les pesanteurs du présent. Ils me font penser à Jésus, prodigieux inventeur d'humanité. Comme sa contagion a couru et court le monde alors même qu'on risque d'oublier son nom !

Ainsi, j'ai « poursuivi plusieurs lièvres à la fois », au risque de n'en atteindre aucun. J'ai l'impression d'avoir proposé quelques « exercices », comme on en faisait jadis à l'école. Peut-être ce livre hybride éveillera-t-il certains à une lecture rafraîchie et joyeuse des évangiles, à un regard dépoussiéré vers Jésus.

Aux amis connus ou inconnus, anciens ou à venir, à toutes celles et tous ceux qui me prêteront attention durant quelques instants, je souhaite bon pied, bon œil, à marcher allègrement derrière Celui qui invitait à Le « suivre ». Il voulait follement changer la vie. Quelle rupture, quel écart entre le monde tel qu'il est, encore aujourd'hui, et celui – le « Royaume de Dieu » – qu'il inaugurait !

Ne fallait-il pas, ne faut-il pas un humour jaillissant du fond de l'âme pour faire fi des réalismes et emboîter le pas au Maître de l'impossible ?

DU MÊME AUTEUR

Aux Éditions du Cerf

Jésus selon Proudhon
Éloge de la prière
La conversion du Diable
Prier comme Jésus
Le bonheur est-il possible ?
Les évangiles
Les prophètes
*Le petit berger de Noël**
Prières pour les jours de notre vie
(en collaboration avec le Père Carré)
*Visages d'aurore**
*La merlette et le grillon**
*Journal étonné 1**
*Journal étonné 2**
*Le feu qui rafraîchit**
*Saint François**
*Jésus insaisissable**
*Jésus est devant**

Aux Éditions Gallimard

Jésus le dieu inattendu
Urbi et orbi. Deux mille ans de papauté
(en collaboration avec Francesco Chiovaro)
Frère François, le saint d'Assise
(en collaboration avec Hyacinthe Vulliez)
*Alors Jésus s'assit et dit...**

Aux Éditions Desclée de Brouwer

*Éclats d'Évangile**
*Écoute le jour**
Le Pape a disparu

Aux Éditions des Amis de Crespiat
(La Grave 46140 Luzech, Tél. 05 65 20 10 57)

Plume (journal d'une chatte)
Plume, l'âge de raison
Plume, je rêve du paradis
Plume, la jeunesse du cœur
Les pas de la nuit (poèmes)
Avec Jésus chaque dimanche Année A
(en collaboration avec Hyacinthe Vulliez)
Avec Jésus chaque dimanche Année B
(en collaboration avec Hyacinthe Vulliez)
Avec Jésus chaque dimanche Année C
(en collaboration avec Hyacinthe Vulliez)

Aux Éditions Albin Michel

L'enfant hérétique

Aux Éditions de l'Atelier

Jésus, Pierre et le Pape

Aux Éditions du Vieil Annecy
(route de Maclamod 74650 Chavanod)

Le Christ de La Llagonne
(photos et textes, relié, en collaboration avec Hyacinthe Vulliez)

Aux Éditions du Rouergue

La mise au Tombeau de la Cathédrale de Rodez
(photos et textes, relié, en collaboration avec Hyacinthe Vulliez)

Aux Éditions Diabase

La ferveur du jour

* ouvrage épuisé

Achevé d'imprimer
en septembre 2009
sur les presses de l'imprimerie
PUBLI-FUSION REGOURD 46000 CAHORS

Dépôt légal :
septembre 2009